INTRODUÇÃO à ALTA ADMINISTRAÇÃO

INTRODUÇÃO à

ALTA ADMINISTRAÇÃO

ALMEJANDO UMA GESTÃO VENCEDORA

RYUHO OKAWA

IRH Press do Brasil

Copyright © 2021 Ryuho Okawa
Edição original © 2009 publicada em japonês: *Shachougaku Nyuumon – Joushou Keiei wo Mezashite*
Edição em inglês: © 2016 *Introduction to Top Executive Management – How to Turn Every Opportunity into Success*
Tradução para o português: Happy Science do Brasil

IRH Press do Brasil Editora Limitada
Rua Domingos de Morais, 1154, 1º andar, sala 101
Vila Mariana, São Paulo – SP – Brasil, CEP 04010-100

Todos os direitos reservados.
Nenhuma parte desta publicação poderá ser reproduzida, copiada, armazenada em sistema digital ou transferida por qualquer meio, eletrônico, mecânico, fotocópia, gravação ou quaisquer outros, sem que haja permissão por escrito emitida pela Happy Science do Brasil.

ISBN: 978-65-87485-01-0

Sumário

Prefácio 13

Capítulo UM
Teoria de Gestão da Happy Science
17 Pontos que Constituem o Núcleo da Gestão

Introdução – O que é gestão 17
    Gere resultados maiores do que a somatória dos recursos empresariais aplicados 17
    Os conceitos de gestão fazem parte da teoria do desenvolvimento 21
1. Gestão baseada em conhecimento – Almejando ser uma organização que aprende 22
    O recurso mais importante da gestão é o conhecimento 22
    Esteja sempre disposto a aprender 27
2. Gestão baseada no tempo – Valorize a velocidade no trabalho 28
    Reduza o tempo gasto 28
    Aumente a velocidade na tomada de decisões 30
3. Não tema a inovação 33
    O que é inovação? 33
    As repartições públicas também precisam de inovação 35
    Com a inovação vem a dor 37

4. ***A Arte da Guerra* para os fracos, *A Arte da Guerra* para os fortes**.. 39
   Elabore estratégias e táticas apropriadas para os pontos fortes e fracos de sua organização 39
   A estratégia de guerra para os fracos: use seus pontos fortes na batalha 41
   A estratégia de guerra para os fortes: encurrale o inimigo com uma grande tropa 45
   As Leis de Lanchester 46
   Divida o inimigo e ataque concentrando suas forças nos pontos fracos 49
5. **A teoria do foco (O Princípio da Concentração)** 51
   Invista seus recursos empresariais de forma concentrada 51
   A teoria do foco pode ser aplicada aos estudos para o vestibular 55
   O gestor deve ter duas perspectivas 58
6. **A teoria do ataque em ondas** 60
   Saltando da crista de uma onda para a seguinte 60
   Crie grandes ondas 62
   Crie produtos *long-sellers* 64
7. **A teoria das relações públicas** 65
8. **A teoria do marketing – Valorize o cliente** 69
   O marketing empregado no budismo Kamakura 69
   Descubra demanda e crie demanda 75
9. **Valorização da força do produto – Não negligencie Pesquisa e Desenvolvimento** 82
   P&D e marketing são dois lados da mesma moeda 82
   Os lucros podem acelerar o desenvolvimento 86

10. A teoria dos três "Ls": "leve, largo e longo" 87
    Explorar demais seu público pode impedir
    o desenvolvimento. 87
    Oferecer um bom produto para muitos clientes por
    longo tempo 91
11. A teoria do capital próprio – O conceito de
    "gestão de barragem" 95
    Use seu dinheiro como capital inicial 95
    Comece pequeno e vá crescendo gradualmente 97
    Estar no vermelho é sinal de desperdício de recursos 99
    A reserva interna de lucros é importante 101
12. O estilo de gestão *top-down* 104
    Quando o superior hierárquico assume toda
    a responsabilidade. 104
    As decisões devem ser tomadas perto do campo de ação 107
13. Meritocracia – Dê uma segunda chance
    aos derrotados 108
    Valorize um forte DNA 108
    Dê uma segunda chance aos que falharam 111
14. A teoria da descentralização 116
    O ser humano tem seus limites 116
    Construa uma organização com pessoas que
    se ajudam mutuamente 119
15. A teoria da horizontalização 122
    A verticalização excessiva estimula a irresponsabilidade 122
    A média gerência está em via de extinção 124
16. A teoria da reestruturação – Faça revisões drásticas
    do trabalho 126
17. Prudência e ousadia – Conclusão 129

Capítulo DOIS
Dicas de Gestão
Sabedoria para Sobreviver em Períodos de Deflação

1. **O conceito correto de deflação**.................... 133
   É errado acreditar que a deflação causa necessariamente
   a recessão 133
   A tendência deflacionária não vai parar......................... 137
   Uma mudança de mentalidade pode levar a
   infinitas possibilidades 142
2. **Como obter prosperidade durante a deflação** 144
   Trabalhando duro e diligentemente 144
   Corte o desperdício e reduza o custo total.................... 147
   Crie unidades de alto valor agregado 151
   Três procedimentos que devem ser realizados 153
3. **Hora de refinar sua sabedoria** 155
   Os problemas operacionais nos bancos e nas repartições
   públicas do Japão 155
   Pratique uma profunda reflexão e se esforce muito mais ... 159
4. **Os Quatro Corretos Caminhos na gestão**................ 162
   O conceito do "cliente em primeiro lugar" e outros
   conhecimentos e sabedorias 162
   Não há desenvolvimento sem refletir sobre os erros
   e as deficiências... 163
   Ouça as opiniões alheias e observe bem a concorrência 165
5. **Tempos difíceis são oportunidades para
   a autotransformação**... 169

Seção de perguntas e respostas 170
1. Instigando as pessoas a mudar de mentalidade 170
   O povo sempre demora mais para ter consciência 170
   Primeiro, mude sua atitude 173
2. Como motivar os subordinados 175
   A motivação do chefe contagia os subordinados 175
   De onde vêm o entusiasmo e o senso de missão? 176
   Responda à pergunta: "Por que nossa empresa é necessária?" 180
3. Precauções ao expandir os negócios para a China 184
   As empresas que fracassam no próprio país não terão
   sucesso no exterior 184
   O fundamental é gerar lucro na atividade principal
   da empresa 187
   Os riscos e as perspectivas de gerir negócios na China 189

Capítulo TRÊS
O Papel do CEO na Alta Administração

1. Um CEO deve ser o próprio gerador
   de energia 195
   O CEO é a fonte de energia da empresa 195
   Os diretores e gerentes também devem ser capazes de
   gerar a própria energia 197
2. O CEO deve assumir a responsabilidade por tudo
   o que ocorre na empresa 199
   As responsabilidades de um CEO são duras, mas também
   podem dar um propósito à sua vida 199

Ao assumir a responsabilidade por tudo o que ocorre na
empresa, você passa a exigir mais dos seus subordinados 201
Por que o CEO deve assumir a responsabilidade mesmo
por coisas que ele desconhecia 203
Quando percebem que o CEO corre o risco de ser
demitido, os subordinados começam a dar duro 205
A responsabilidade pela nomeação de pessoas 206
3. O fracasso é o maior mestre da vida 208
Quando você tenta romper seus limites, os fracassos
são inevitáveis 208
Não fique na sua "zona de conforto": arrisque-se
em desafios que sua empresa pode enfrentar 211
4. A filosofia de gestão traz crescimento e prosperidade
para a empresa 213
Uma empresa não consegue crescer sem esrtuturar
uma filosofia de gestão 213
Quando se estabelece uma filosofia de gestão,
consolida-se o senso de justiça 215
Você terá coragem de progredir quando o senso de
justiça se consolidar 217
Sua filosofia de gestão não deve ser baseada em seus
interesses pessoais 219
A melhor gestão é condizente com a melhor religião 221
Incentive os executivos a serem extensões do CEO 223
5. A luta contra os limites de capacidade 225
Num negócio em rápida expansão, alguns funcionários
antigos se tornam obsoletos 225
O CEO também chega ao limite de sua competência 227

Até os mais renomados gestores chegam ao limite
de sua capacidade 231
Delegar e avaliar resultados são as novas competências
necessárias 233
Expanda seu potencial para poder comandar profissionais
de alta competência 235
Engenheiros também podem se tornar gestores
exemplares 237
Descubra sua capacidade e seu destino e lute pelo
seu ideal 239

Seção de perguntas e respostas

1. **Dicas para compreender as necessidades do cliente** .. 241
   Tenha sempre o espírito de busca 241
   Como receber conselhos do Mundo Celestial 243
2. **Os segredos da inovação** 246
   Esta é a era regida pela velocidade 246
   Seja firme ao proteger o que não deve ser mudado 248
   Procure conciliar rapidez e precisão 249
3. **Critérios para iniciar um negócio de sucesso** 251
   As características de personalidade e os talentos
   exigidos estão mudando 251
   Você deve ser mais competente do que os funcionários
   de elite 253
   A capacidade de gestão só é comprovada na prática 256
   Consulte alguém que o conheça bem 258

Posfácio 261

Sobre o autor 263

Sobre a Happy Science 267

Contatos 269

Partido da Realização da Felicidade 272

Happy Science University 273

Happy Science Academy 275

Filmes da Happy Science 276

Outros livros de Ryuho Okawa 279

Prefácio

Em breve os gestores empresariais enfrentarão um período extremamente difícil. Mais uma vez entraremos numa era de turbulência. Eu sempre espero que os esforços individuais e a disposição heroica dos empresários desabrochem.

No entanto, nos próximos dez anos teremos de encarar a tristeza de ver inúmeros empresários talentosos e entusiastas sendo engolidos pelas marés dessa época, como folhas de árvores flutuando na água e sendo engolidas pelos turbilhões do mar de Naruto.

Como a opinião pública escolheu um futuro infeliz, as pessoas irão colher aquilo que plantaram[1].

Esse período levará o Japão à maré do "socialismo totalitário". Como o regime político visa trazer a derrocada do país, os presidentes de empresa devem manter suas melhores armas em boas condições, diariamente.

Ryuho Okawa
Fundador e CEO do Grupo Happy Science
Novembro de 2009

---

[1] Em agosto de 2009, três meses antes da publicação deste livro no Japão, o Partido Democrático do Japão, que tinha tendências ao socialismo totalitário, chegou ao poder pela primeira vez depois de vencer as eleições gerais por uma vitória esmagadora. (N. do E.)

Capítulo UM

Teoria de Gestão da Happy Science

17 Pontos que Constituem o Núcleo da Gestão

Introdução – O que é gestão

Gere resultados maiores do que a somatória dos recursos empresariais aplicados

No presente capítulo, intitulado "Teoria de gestão da Happy Science", pretendo falar sobre temas que podem ser muito úteis para os gestores atuantes e aspirantes. Desde a fundação da Happy Science passaram-se mais de vinte anos, e o nosso estilo de gestão está se firmando como um conceito e, aqui, pretendo fazer uma abordagem introdutória ou genérica.

Provavelmente, dentro de dez anos os nossos conceitos de gestão estarão bem consolidados e sistematizados, e neste capítulo gostaria de apresentar de que maneira tais conceitos foram aplicados, revendo os caminhos trilhados.

Talvez algumas pessoas duvidem que os conceitos de gestão sejam aplicáveis a uma religião. Em ocasiões anteriores, inclusive, quando fui entrevistado por repórteres, alguns deles ficaram muito intrigados com o fato de uma religião ensinar sobre administração de negócios; por isso, eu gostaria de abordar primeiro esse ponto.

Se considerássemos a gestão meramente como um meio de ganhar dinheiro, de fato não haveria afinidade direta com os conceitos religiosos. No entanto, não creio que a gestão seja simplesmente um meio de ganhar dinheiro. Penso que ela consiste em gerar resultados maiores que a somatória de recursos empresariais aplicados, tais como pessoas, materiais, dinheiro e informações.

Por exemplo, se cem pessoas trabalhassem isoladamente e sem coordenação, elas não seriam capazes de realizar um trabalho maior do que a somatória dos esforços individuais dessas cem pessoas. No entanto, se essas pessoas fossem comandadas por um líder competente, com valores empresariais compartilhados por todos, seriam capazes de gerar resultados maiores do que a somatória do trabalho de cem pessoas.

Isso é perfeitamente compreensível. Tendo um bom líder, certamente pode-se produzir um trabalho melhor do que a somatória das tarefas realizadas por cem pessoas diferentes agindo individualmente.

Inclusive, mesmo em termos de consumo de recursos, em vez de cada um usar livremente o que quisesse, se pensasse em aumentar a produção, por exemplo, fazendo o melhor uso das instalações e das ferramentas disponíveis, com toda certeza conseguiria agregar valor em relação ao que esses mesmos recursos poderiam gerar naturalmente.

O mesmo vale também para o dinheiro. As pessoas podem ter individualmente os próprios fundos ou poupanças, mas esse dinheiro nunca irá gerar uma renda maior do que os juros oferecidos pelo banco. Por outro lado, por exemplo, se várias pessoas juntassem seus fundos individuais e os aplicassem como capital de um empreendimento, seria possível realizar um investimento de grandes resultados.

Isso se aplica igualmente às informações. Vamos supor que um motorista de táxi possua uma informação que não tem nenhuma utilidade particular para ele. Porém, se houver alguém entre seus passageiros que precise dela e a receba do motorista, essa informação pode gerar valor.

O motorista de táxi comenta por acaso com o passageiro atual o que ouviu do passageiro anterior: "As ações de tal empresa têm se comportado ultimamente dessa ou daquela maneira". Talvez o taxista tenha passado essa informação a um passageiro que acabou de voltar do exterior e que, ao ficar sabendo das novidades, reage imediatamente e inicia negociações por telefone celular, concluindo que havia grave risco naquela ação.

Desse modo, uma informação pode ter desdobramentos econômicos. Assim, várias informações espalhadas isoladamente entre diferentes indivíduos podem ser reunidas acidentalmente e acabar gerando resultados reais.

Numa organização, entretanto, não podemos depender do acaso ou da sorte. É preciso estruturar a organização de modo que as informações necessárias sejam reunidas num local certo para que as decisões corretas possam ser tomadas a fim de que produzam bons resultados.

Portanto, as técnicas de gestão consistem em métodos capazes de gerar resultados maiores que a somatória de pessoas, materiais, dinheiro e informações utilizados. Se for competente nisso, a organização produzirá grandes resultados e crescerá.

Assim, um negócio iniciado por uma ou duas pessoas poderá se tornar uma empresa com 50, 100, 1000 e até mesmo 10 mil funcionários. Essa é uma transformação realmente incrível.

É difícil elaborar fórmulas genéricas, uma vez que o trabalho é diferente em cada ramo de atividade, mas sempre existem regras de desenvolvimento. Na era moderna, mesmo em nível pessoal, a maior parte dos problemas que enfrentamos é motivada por fatores econômicos. Portanto, pesquisar as leis do desenvolvimento pode se tornar um meio para solucionar as preocupações das pessoas de hoje.

Além disso, como muitas pessoas ganham a vida trabalhando em empresas, se as empresas estão à beira de um colapso ou falindo, isso pode representar um grave risco. Portanto, pesquisar e dominar a teoria da gestão visando à estabilidade administrativa é uma atitude que, além de evitar potenciais problemas, proporcionará a multiplicação da felicidade.

Os conceitos de gestão fazem parte da teoria do desenvolvimento

Na nossa instituição ensinamos os Quatro Corretos Caminhos, que são: o amor, o conhecimento, a reflexão e o desenvolvimento. E os conceitos da gestão estão embutidos na teoria do desenvolvimento. Nas religiões da era contemporânea, obviamente, os conceitos de gestão devem ser tratados como um dos temas, uma vez que temos, como contexto da era atual, uma estrutura social que não existia na época de Buda ou de Jesus Cristo.

Quando olhamos para a religião como estrutura organizacional, vemos que ela é capaz de ser a maior organização da face da Terra. Uma empresa pode ser constituída por um único indivíduo ou passar a ter 2, 50, 100 ou até 10 mil funcionários. Em alguns casos, se continuar crescendo, uma corporação pode chegar a 100 mil ou 200 mil empregados. O Exército de um país pode ser maior do que uma empresa, mas uma religião tem o potencial de se tornar ainda maior do que qualquer exército. As religiões globais chegam a ser maiores do que qualquer exército. É por isso que, num certo sentido, a teoria organizacional das religiões pode ser considerada a maior do mundo.

Numa religião, uma grande massa de pessoas partilha os mesmos valores bem definidos e atua de forma organizada sob o comando de um líder. Além de possuir hierarquias verticais, uma religião também tem hierarquias horizontais para comunicação. Ademais, uma vez que se mobiliza uma grande quantidade de pessoas, naturalmente, surgem também os problemas de capital típicos de um departamento de logística.

Nesse sentido, independentemente de juízo de valores, se nos concentrarmos apenas nos movimentos de pessoas e dinheiro, a religião possui características que justificam perfeitamente ser objeto de análise da gestão.

1
Gestão baseada em conhecimento – Almejando ser uma organização que aprende

O recurso mais importante da gestão é o conhecimento

Ao analisarmos as ações que a Happy Science vem promovendo e pensarmos em suas técnicas e características de gestão, a primeira conclusão à qual chegamos é que se trata de uma organização que pratica a gestão baseada em conhecimento.

Existem diversos recursos gerenciais numa organização. Como recursos materiais podemos citar, por exemplo, minério de ferro, carvão, petróleo, gás natural etc. No entanto, a partir de agora, da era presente até a sociedade do futuro, o mais rico recurso gerencial com certeza será o conhecimento. Isso é infalível. Somente o conhecimento continua crescendo constantemente e é inesgotável como novo recurso gerencial.

Em certo sentido, pode-se dizer que a religião é a última instância da indústria de software. Por lidar com coisas invisíveis, como informações ou valores do mundo invisível e a felicidade resultante disso, a religião é considerada a última instância da indústria que trabalha com software.

Assim, mesmo sob a ótica da religião, o conhecimento é um recurso de gestão de suma importância, mas não só para a religião. Ele constitui o recurso mais importante inclusive para a sociedade industrial contemporânea e também do futuro. Além disso, trata-se de um recurso que pode ser ampliado e reciclado. Em outras palavras: um novo conhecimento gera novos recursos e resultados, que sua vez geram um novo conhecimento.

Inclusive na Happy Science, a gestão baseada em conhecimento é o alicerce da organização. Nossa instituição teve início em 1986, quando não havia um membro sequer. E, em apenas uma década, nos tornamos uma instituição de grande porte. Sem dúvida, dentre as maiores religiões do Japão, estamos no topo da classificação. E o fator de crescimento foi exatamente a gestão baseada em conhecimento.

Buscamos exaustivamente as fontes de conhecimento, não apenas coletando informações, mas pesquisando os valores agregados contidos nas informações. Além disso, continuamos pesquisando sempre as combinações de coisas do passado com coisas do presente e avaliando os resultados.

A religião faz parte do segmento considerado "mercado tradicional", e há um princípio que rege esse mercado: "Não se mexe naquilo que é antigo". Embora isso seja correto, é inegável, porém, que ao adotar essa postura as religiões não conseguem solucionar os problemas das pessoas do mundo atual.

Por esse motivo, nos EUA a tendência geral é o indivíduo procurar um psicanalista para discutir seus problemas, e não a Igreja. A principal razão disso é a falta de contemporaneidade nas religiões. Ademais, não há na religião ensinamentos capazes de solucionar os problemas econômico-financeiros, porque não havia princípios econômicos atuando na época do Buda Shakyamuni ou de Jesus Cristo.

No que diz respeito às questões econômicas, essas religiões antigas pregavam apenas o conceito de abandonar os apegos. Isso porque a sociedade econômica ainda era pouco desenvolvida na época.

As teorias eram bem simplórias e pregavam o seguinte: "Os ricos são extravagantes e arrogantes, enquanto os pobres sofrem. Portanto, é preciso ajudar os pobres". "Se um pobre deseja se tornar rico, é melhor desistir, pois vai acabar sofrendo." Mesmo na sociedade contemporânea, esse modo de pensar ainda existe e continua muito forte.

No entanto, de acordo com a moderna teoria da administração, sabemos hoje que a riqueza total pode crescer com uma boa gestão. Essa é uma descoberta importante feita nos últimos dois séculos.

Em suma, se cada um trabalhar isoladamente, a produção obtida não será maior que a somatória das forças da mão de obra. Por outro lado, se os trabalhadores realizarem um bom trabalho juntando seus conhecimentos e sabedorias, será possível criar uma riqueza maior do que a somatória dos trabalhos individuais. Essa é a marca da sociedade industrial moderna.

Por exemplo, se um indivíduo tentasse por conta própria produzir aço a partir do minério de ferro, sua produção seria limitada e seria muito difícil obter algo útil a partir desse aço. No entanto, se ele tivesse capital disponível para formar uma empresa, contratasse muitos empregados e estabelecesse uma divisão de tarefas, certamente o produto final seria muito melhor e em maior quantidade do que a produção individual. E a renda obtida também seria muito maior.

Dessa forma, aumentando o nível geral de riqueza, também podemos aumentar bastante a afluência de cada indivíduo. Essa é uma filosofia que não existia na época do Buda Shakyamuni e de Jesus, mas é a filosofia que permitiu que as sociedades moderna e contemporânea desfrutassem de um grande aumento de produtividade.

E qual foi a base desse crescimento? Foi a construção de fábricas, a manufatura de produtos e a criação de canais de vendas tanto para o mercado interno como para o exterior. Além disso, essa filosofia se estabeleceu devido à importação em grande escala e a baixo custo das matérias-primas estrangeiras. E tudo isso ocorreu graças à base intelectual.

A Happy Science introduziu a gestão baseada no conhecimento da religião. E foi isso o que nos levou a conquistar uma força competitiva extremamente poderosa e sucesso num curto espaço de tempo, e é também a razão pela qual as instituições concorrentes estão sendo abandonadas.

Portanto, a união de muitas pessoas extremamente inteligentes também constitui outra forma de recurso empresarial que pode significar um potencial de crescimento futuro.

Esteja sempre disposto a aprender

A base de conhecimento não se resume aos conhecimentos ou à inteligência do passado. Os conhecimentos já adquiridos como recursos empresariais devem se expandir infinitamente para o futuro. A menos que você esteja sempre disposto a aprender, o que era considerado competência hoje deixará de ser daqui a um ano. Isso vale tanto para os indivíduos como para as organizações. Coisas novas estão sendo constantemente criadas ao seu redor.

As formas como a Happy Science usou a teoria do desenvolvimento têm sido imitadas, uma após outra, por outros grupos religiosos, um, cinco ou dez anos depois. No entanto, em muitos casos elas falham porque falta algo.

Para conhecer os resultados produzidos pelos métodos adotados pelo nosso grupo é preciso realizar pesquisas específicas. Não basta olhar o resultado e copiar os métodos. Tal como na mitologia grega, o toque de Midas pode trazer resultados desastrosos.

De qualquer maneira, adotar uma gestão baseada no conhecimento poderá abrir o caminho para a sociedade do futuro. Isso vale inclusive para a religião. E, por isso, creio que devemos almejar ser uma organização sempre disposta a aprender.

2

Gestão baseada no tempo – Valorize a velocidade no trabalho

Reduza o tempo gasto

O segundo princípio é a gestão baseada no tempo. Essa é também uma característica marcante da Happy Science.

O tempo é um recurso limitado. Indistintamente, todos têm 24 horas por dia e, mesmo somando o tempo disponível de cada trabalhador de uma organização, o total não será maior que a somatória dos tempos disponíveis dos seus funcionários.

No entanto, todas as organizações ou pessoas com grande potencial de desenvolvimento, invariavelmente, se concentram em como reduzir o tempo para fazer algo. Ao reduzir o tempo, consegue-se o desenvolvimento.

Por exemplo, é fato que o Produto Interno Bruto (PIB) do Japão disparou com a construção do trem-bala Shinkansen. Isso porque o alcance do que uma pessoa consegue realizar por dia se expandiu enormemente. Graças à redução do tempo de locomoção, o PIB do país cresceu em comparação à época em que as pessoas viajavam durante a noite no vagão-leito da Linha Tokaido ou precisavam se deslocar a pé.

Reduzir o tempo ou aumentar a rotatividade são métodos que podem melhorar os resultados.

Outro exemplo seria em relação aos produtos sazonais. Por exemplo, se os produtos de verão fossem produzidos apenas durante o verão, haveria um tempo ocioso nas outras estações do ano. Concentrar as atividades produtivas e de vendas exclusivamente no verão tem seu valor, mas há produtos de verão que também podem ser produzidos no inverno. Por exemplo, talvez você ache que só é possível produzir sorvete durante o verão, quando na verdade o produto pode ser fabricado no inverno e depois conservado. Existem exemplos como este.

O mesmo vale para um restaurante que serve picadinho de carne. Existe a possibilidade de começar a cozinhá-lo quando chega o cliente. Contudo, um restaurante de alta rotatividade pode preparar o prato com antecedência e mantê-lo congelado.

Quando se trabalha pela perspectiva da economia de tempo, muitas coisas começam a mudar.

Como podemos reduzir o tempo gasto? Como podemos aumentar o ritmo de trabalho? Como podemos acelerar para alcançar os resultados? Essas perguntas são essenciais para se criar processos geradores de futuros resultados. Enquanto um problema não for resolvido, você não será capaz de lidar com o próximo. Porém, se reduzir o tempo necessário para solucionar cada questão, poderá se dedicar mais rapidamente ao próximo trabalho.

O gerenciamento definitivo baseado no tempo pode ser expresso pela frase bíblica: "Basta a cada dia o seu próprio mal" (Mateus, 6:34). Há também um provérbio japonês que diz: "Viva cada dia como se fosse o seu último", ou seja, faça tudo o que puder no próprio dia.

Isso é um comportamento muito importante. Atitudes do tipo: "Só trabalho quando chegar a hora" ou "Não vou fazer hoje por outros motivos" vão contra o espírito da gestão baseada no tempo.

É importante pensar: "Como posso diminuir o tempo para realizar isso? Como reduzir o processo?".

A redução do tempo é, simultaneamente, uma criação de tempo. Por exemplo, uma viagem que demoraria três horas de trem-bala poderia ser feita em apenas uma hora de avião, gerando duas horas a mais de tempo disponível para trabalhar. Houve, portanto, a criação de tempo correspondente a duas horas.

Aumente a velocidade na tomada de decisões

A gestão baseada no tempo pode significar também aumentar a velocidade nas tomadas de decisão. À medida que uma organização cresce, aumenta o número de estratos ou camadas hierárquicas, o que resulta em demora na tomada de decisões e também na chegada de informações. Como desmontar essa barreira e reduzir o tempo de acesso? Essa tem sido a aflição que todas as empresas contemporâneas estão enfrentando. Para reduzir o tempo de acesso, as grandes organizações fazem uso de diversas bênçãos da civilização, como telefone, computador, aparelhos de fax etc.

Por exemplo, de acordo com pesquisas *in loco* que realizei na Índia, Buda Shakyamuni passou a maior parte do seu tempo, durante os 45 anos de vida missionária, em andança. A distância entre uma base missionária e outra era de 200 a 300 quilômetros e, portanto, ele gastava quase o ano inteiro se locomovendo a pé. Com exceção do retiro durante a estação chuvosa de verão, quase todo seu tempo era dedicado à caminhada.

Portanto, certamente podemos dizer que sua produtividade era baixa.

Hoje, porém, em vez de gastar tempo em caminhadas publicamos livros, CDs, DVDs, além de realizar transmissões via satélite, o que resulta em maior produtividade. Dessa maneira, em comparação com o passado, mesmo que hoje a expectativa de vida humana seja similar, a quantidade de tempo que pode ser utilizada de maneira produtiva aumentou. Ao eliminar os desperdícios e reduzir o tempo de acesso, temos conseguido gerar mais tempo. Portanto, todas as empresas modernas e em rápido crescimento, notadamente as de capital de risco, estão adotando a gestão baseada no tempo e pensam em como aumentar seu ritmo.

No passado, por exemplo, com frequência havia casos em que documentos sobre os quais somente o CEO[2] podia tomar uma decisão ficavam parados em sua bandeja de entrada por três dias ou uma semana. E onde estava o CEO? Jogando golfe!

Hoje, no entanto, é normal que as empresas estejam engajadas em definir como tomar decisões mais rápidas. De fato, a tendência atual é eliminar o processo de aprovação. Acabou a época quando era preciso obter vinte ou trinta carimbos ou assinaturas de aprovação. A tendência é fazer com que as decisões sejam tomadas pelos executores do *gemba* e não mais pela gerência ou diretoria.

Creio que duas das características marcantes da Happy Science sejam o nosso compromisso com a gestão baseada no conhecimento e com a gestão baseada no tempo. Essas duas abordagens são princípios que atuam tanto nas instituições religiosas como em outras organizações. Portanto, quem for capaz de aplicá-las conseguirá aumentar sua taxa de crescimento.

---

2 Sigla inglesa de *Chief Executive Officer*, o CEO é o Diretor Executivo de uma empresa, a pessoa com maior autoridade na hierarquia operacional de uma organização. Em geral, as empresas têm um Diretor-Geral, porém a função de CEO é mais utilizada em grandes empresas multinacionais. (N. do E.)

3

Não tema a inovação

O que é inovação?

O terceiro ponto-chave é não temer a inovação. Creio que isso também seja uma característica importante da nossa instituição.

Qual o entendimento que devemos ter a respeito da inovação? Uma das abordagens é adotar a definição do economista Joseph Schumpeter[3]: "Combinar elementos heterogêneos". Isso também é uma inovação. Assim, a inovação pode ser definida como a criação de algo novo por meio da junção de coisas diferentes ou de elementos heterogêneos.

Por outro lado, Peter Drucker[4], o famoso guru da gestão, disse algo assim: "Embora a maioria das pessoas pense que a inovação consiste em criar algo, isso não é verdade.

---

[3] Joseph Schumpeter (1883-1950) foi um economista e cientista político austríaco. É tido como um dos mais importantes economistas da primeira metade do século XX, e foi um dos primeiros a considerar as inovações tecnológicas como motor do desenvolvimento capitalista. (N. do E.)

[4] Peter Drucker (1909-2005) foi um escritor, professor e consultor administrativo austríaco. Considerado o pai da administração moderna, é o mais reconhecido dos pensadores do fenômeno dos efeitos da globalização na economia em geral e em particular nas organizações. (N. do E.)

Quando seus métodos e sistemas tradicionais vão se tornando obsoletos, você deve estar preparado para descartá-los, embora eles possam ter sido bastante úteis no passado. Aqui, não se trata de se livrar de apenas um aspecto; você deve estar preparado para abandonar todos os métodos ou sistemas que foram usados até então. Portanto, inovação é um descarte sistemático".

Ambas abordagens são interessantes. Em geral, a abordagem mais aceita é a inovação como criação de coisas por meio de novas combinações.

Por exemplo, você pode obter água combinando hidrogênio com oxigênio. Embora o hidrogênio e o oxigênio sejam gases, quando combinados na proporção certa geram o líquido que chamamos de água, uma substância completamente nova.

Agora, se você aquecer essa água, ela será vaporizada. Quando isso ocorre, o vapor se transforma em energia capaz de acionar turbinas, trens ou navios. Ao combinar o oxigênio com o hidrogênio, essas substâncias se transformam em algo totalmente diferente e realizam novos trabalhos.

Dessa maneira, a inovação é o poder de criar coisas por meio de novas combinações. Além disso, a inovação é também o processo de criação de coisas novas descartando sistematicamente os métodos ou sistemas obsoletos que não produzem mais resultados.

As repartições públicas também precisam de inovação

Recentemente, a atuação das repartições públicas japonesas tem sido questionada. Os ministérios e as agências públicas estão precisando passar por um descarte sistemático. É necessário reavaliar o sistema em profundidade sobre aquilo que deve ser descartado e não sobre o que deve ser corrigido ou modificado. É preciso pensar sob a ótica da real necessidade de algumas funções ou se não seria melhor que não existissem.

Provavelmente, há uma quantidade enorme de coisas desnecessárias que só existem para atrapalhar as empresas privadas. No passado, a reconstrução do Japão após a Segunda Guerra Mundial com base na iniciativa governamental funcionou muito bem. Entretanto, à medida que a iniciativa privada ganhou força, as regulamentações criadas para o sistema de liberação de alvarás passaram a atrapalhar o trabalho das empresas.

E, por isso, atualmente existe a necessidade de inovação. Uma vez que os cidadãos sentem tais dificuldades em diversas áreas, eles estão muito insatisfeitos com as agências governamentais. Além de administrar com ineficiência e atrapalhar as iniciativas privadas, elas são arrogantes e querem mais impostos. É um absurdo. O aumento de impostos poderia ser justificado se contribuísse para o desenvolvimento social e uma melhor administração pública. Em vez disso, quanto mais impostos, mais inflado o governo fica e mais regulamentações surgem, dificultando o trabalho da iniciativa privada.

Tomando como exemplo a nossa instituição, quando pensamos em lançar uma nova revista, tivemos de obter uma aprovação prévia da Agência de Marcas e Patentes para dar o nome à revista. Ficamos impressionados com a quantidade de regulamentações.

Antes de tudo, a permissão não seria concedida se uma revista com um nome semelhante já existisse. Essa regra se aplica mesmo que a revista com nome similar tenha sido publicada por uma empresa que não existe mais.

Além disso, criei um nome de revista que combinava *katakana* (uma das formas de escrita silábica japonesa) e inglês, mas a Agência de Marcas e Patentes recusou-se a aprová-lo. A alegação da agência foi: "Não podemos permitir isso porque nunca houve nada parecido antes. Os nomes escritos em ideogramas devem usar apenas ideogramas, *katakana* tem de ser apenas *katakana*. E inglês tem de ser apenas inglês".

As repartições públicas oprimem as empresas privadas, agindo de forma muito estranha. Em alguns setores da economia, elas atuam de modo a retardar a velocidade do trabalho para impedir as operações. Em meio a essa situação, o governo japonês continua anunciando que precisa aumentar os impostos. A resistência do setor privado é inevitável, inclusive sob a ótica da teoria do trabalho.

Com a inovação vem a dor

A Happy Science é muito ágil no que diz respeito à inovação, mas a verdade é que a inovação envolve alguns aspectos muito difíceis. Uma vez que a inovação implica se desfazer de elementos que até então foram muito importantes para a organização, de um fator-chave que nos levou ao sucesso ou de algo que estava indo bem, acabamos criando inimigos e aliados dentro da organização.

No caso da Happy Science, no início de nossas atividades nos concentramos em publicar coleções de mensagens espirituais. Mas, com o passar do tempo, deixamos de lado esse tipo de livro sem nenhuma preocupação e mudamos para nos focarmos mais nos livros conceituais[5].

Além disso, devido ao nosso rápido crescimento, as sedes e os nossos templos locais, que antes eram alugados, foram substituídos por prédios próprios para evitar a evasão de capital. Essa é também uma forma de inovação.

---

[5] O autor começou a registrar de novo as mensagens espirituais a partir de 2010, e já realizou mais de 1050 sessões. Muitas delas foram publicadas como uma série intitulada *Spiritual Messages Open Session* ("Sessão Aberta de Mensagens Espirituais") e somam mais de 550 livros. (N. do E.)

E não foi só isso: quando as palestras abertas ao público cresceram acima de certo tamanho, começaram a ser extremamente onerosas. Ao alugar grandes salões de convenção, os custos de locação passaram a ser exorbitantes. Além do problema dos custos, como os grandes eventos em geral são realizados nos fins de semana e feriados, acabavam causando o esvaziamento dos templos, pois nossos seguidores iam para o grande evento. Como resultado, além do aluguel dos templos, incorria-se em alto custo para a locação de grandes salões de convenção e também o custo de transmissão via satélite.

Dessa forma, quando uma organização ultrapassa certo tamanho, ocorre o inverso da economia de escala. Por isso, decidimos abandonar esse método e passamos a gravar as minhas palestras em DVDs e realizar sessões de vídeos nos templos locais.

Portanto, no momento adotamos uma abordagem prática, o princípio de valorização do *gemba*[6], visitando os templos locais e realizando palestras. Quando os temas são importantes, fazemos também transmissões via satélite para o exterior.

Nossa organização faz inovações de acordo com o porte de cada fase, levando em consideração vários fatores

---

6 *Gemba* (ou *genba*) é um termo japonês que quer dizer "o lugar real", ou seja, significa ir à fonte para verificar pessoalmente os fatos, o local onde a ação da empresa acontece. (N. do E.)

e efeitos econômicos. E, por isso, provavelmente é difícil para alguém de fora entender o processo.

    Precisamos estar sempre atentos aos nossos limites e, quando eles surgem, devemos pensar em maneiras de ultrapassá-los. Contudo, você não deve esquecer que com a inovação vem a dor. A dor à qual me refiro é a de descartar um fator que tenha levado ao sucesso no passado. Essa dor é inevitável. Porém, se você quiser crescer, em algum momento essa "intervenção cirúrgica" será inevitável.

4

A Arte da Guerra para os fracos, *A Arte da Guerra* para os fortes

Elabore estratégias e táticas apropriadas para os pontos fortes e fracos de sua organização

A quarta característica da nossa instituição é adotar estratégias de guerra ora para os fracos, ora para os fortes. Isso também é muito relevante. Não importa qual seja a organização, se você analisar suas características, perceberá que são raras as que são nº 1 em todos os aspectos.

Independentemente da organização ou empresa, você encontrará tanto pontos fortes quanto pontos fracos.

Portanto, é preciso ter consciência dos pontos fortes de sua organização e procurar vencer com base neles e, ao mesmo tempo, ter habilidades para evitar os danos causados por seus pontos fracos. Trata-se de um conceito de que todas as organizações têm seus pontos fortes e seus pontos fracos.

Além disso, ao descobrir onde sua organização ou empresa se situa num determinado setor, você pode mudar suas táticas. As organizações em que o porte e o poder são comparativamente pequenos em um setor podem ser consideradas "fracas", enquanto as organizações em que o porte e o poder são comparativamente grandes são as "fortes". Portanto, naturalmente, a forma como você compete com outras organizações dependerá do porte e do poder relativo de sua organização.

Numa boa gestão, esse é um aspecto extremamente delicado e difícil. O gestor deve traçar estratégias levando em conta o tamanho de sua organização, consciente de ser fraco ou forte. E mesmo depois de classificar sua empresa como fraca ou forte, deve sempre se lembrar de que a organização possui tanto pontos fortes como fracos.

Por exemplo, ela pode ter muito capital e, portanto, ser forte em termos de fundos acumulados, mas fraca em termos de tecnologia. Ou ser muito forte em tecnologia e fraca financeiramente. Nesse caso, ela teria de se posicionar como forte em tecnologia. Existe ainda o tipo de organização que é fraca tanto na tecnologia como no capital, porém, competente em relações públicas.

Cada organização tem suas características, seus pontos fortes e fracos. Por isso, é preciso traçar estratégias e táticas de acordo com esses fatores.

A estratégia de guerra para os fracos: use seus pontos fortes na batalha

Como regra geral, o fraco não será capaz de vencer o forte num confronto de poder. É praticamente impossível o pequeno vencer o grande num combate de força. Essa é uma regra básica. Consequentemente, se você concluir que é a parte mais fraca, precisa vencer apostando nos seus pontos fortes.

Por exemplo, pode haver uma empresa de pequeno porte, porém de excelente tecnologia. Ou ainda, talvez seja uma empresa detentora de uma tecnologia superior – que nem mesmo uma grande empresa possua – em uma área muito específica. Esse tipo de empresa deve limitar sua batalha exclusivamente nessa área. Essa é a chamada "indústria de nicho".

Há segmentos do mercado que as grandes empresas não conseguem alcançar e são conhecidos como "nichos". Se você fizer um ataque concentrado em um nicho desse tipo, conseguirá abrir uma brecha e, a partir dela, desbravar uma rota.

No entanto, se esse nicho crescer e alcançar um tamanho razoável, grandes empresas com muito capital poderão ingressar e tomar posse desse mercado. Nesse momento, é preciso pensar no próximo passo: tornar-se grande também ou procurar outro nicho no mercado. Essas são as abordagens disponíveis.

A estratégia de guerra para o combatente mais fraco, fundamentalmente, é concentrar-se em um nicho de mercado. É atacar um nicho; é fazer um ataque surpresa num nicho que as poderosas empresas estão negligenciando ou no qual não estão interessadas.

Por exemplo, Nobunaga Oda usou essa estratégia durante a Batalha de Okehazama[7]. Seu rival Yoshimoto Imagawa contava com um exército enorme de 30 mil ou 50 mil soldados, segundo alguns registros, enquanto Nobunaga possuía apenas 2 mil ou 3 mil homens ao seu lado. De qualquer forma, parece que as chances eram de pelo menos dez para um. As forças de Oda não teriam chance se lutassem em terreno plano. Isso

---

[7] Batalha travada no Japão em 1560. O exército menor, liderado por Nobunaga Oda, derrotou o exército maior, liderado por Yoshimoto Imagawa. A vitória deu um impulso a Nobunaga; a batalha em si foi um ponto de virada crucial do período de Sengoku [Período dos Estados Beligerantes]. (N. do E.)

era óbvio. Em condições normais, não há como vencer forças inimigas dez vezes maiores que as suas.

Os súditos de Oda sugeriram defenderem-se no castelo, pois não teriam chance se lutassem de frente. Contudo, mesmo essa estratégia os levaria fatalmente à derrota.

Sob tais circunstâncias, uma única estratégia oferecia alguma chance de vitória. Em qualquer confronto, um grande exército carrega consigo um ponto fraco, e é aí que o oponente mais fraco deve atacar. Um grande exército em marcha se move lentamente. Além disso, sua linha de soldados se estende, o que significa que a linha se torna longa e estreita.

O mesmo ocorreu nesse período na China antiga, descrito no Registro dos Três Reinos. Se um pequeno exército lutar contra uma força de um milhão de homens num único campo de batalha, não há como vencer. Porém, essa grande tropa em marcha se estenderá por quilômetros e, quando sofrer um ataque concentrado num único trecho, será muito frágil. Foi o que aconteceu com Liu Bei, quando ele liderou um grande exército para vingar a morte de seu irmão de armas, Guan Yu. Ele deixou sua linha de soldados se estender e, ao sofrer ataques no trecho central pelas forças do seu inimigo Wu, foi derrotado.

Essa também foi a estratégia adotada por Nobunaga Oda na Batalha de Okehazama. O exército de Imagawa estava na casa das dezenas de milhares, mas teve uma formação longa e estreita porque marchou pela estrada principal. O líder desse grande exército, Yoshimoto Imagawa, estava no meio da formação. Quando o exército fez uma parada para o almoço, em meio à chuva, sofreu ataque de Nobunaga. Como havia apenas um pequeno grupo de guarda-costas protegendo seu comandante, um ataque naquele momento garantiu a vitória de Oda.

Essa vitória é plausível mesmo em termos de teoria do combate. Em condições normais, é muito improvável que você vença uma força inimiga dez vezes maior que a sua. Mas o número de tropas inimigas no ponto de ataque seria uma força bastante pequena, então um ataque-surpresa resultaria em vitória.

Obviamente, a guerra de informação vem antes do combate real. Oda recebeu a notícia de que Imagawa repousava em determinado local; então, ordenou o ataque, o que resultou em uma emboscada. Ele condecorou com as mais altas honrarias militares o soldado que lhe trouxe essas informações. Portanto, mesmo que o oponente tenha uma força enorme, ao concentrar suas forças para atacar o ponto fraco do inimigo, a vitória é possível.

Esse princípio se aplica exatamente da mesma maneira na gestão empresarial. Não há como vencer uma empresa gigante numa batalha frontal. No entanto, mesmo as grandes empresas têm seus pontos fracos. É possível também que sua empresa tenha algum ponto particularmente forte. E, se você usar esse ponto forte, poderá obter a vitória.

Outro método para vencer é atacar as brechas negligenciadas pelo oponente que estendeu demasiadamente o seu *front*. Essa é a estratégia da guerra para os fracos, que devem lutar usando seus pontos fortes. Mesmo numa batalha de nicho, se lutar usando os seus pontos fracos acabará sofrendo derrotas, obviamente. Portanto, é importante lutar usando seus pontos fortes. Esse é o caminho a seguir.

A estratégia de guerra para os fortes: encurrale o inimigo com uma grande tropa

A estratégia de guerra para os fortes é exatamente o oposto, ou seja, encurralar o inimigo menor com uma grande tropa.

Hideyoshi Toyotomi[8] era especialmente habilidoso nessa tática. Em particular, ele costumava empregar esse método desde quando se tornou o homem mais poderoso do Japão. Ele analisava cuidadosamente as forças aliadas e as do inimigo. Se o inimigo tivesse um único soldado a mais, ele evitava a batalha e propunha a reconciliação,

---

8 Hideyoshi Toyotomi (ca. 1537-1600) foi um comandante militar durante o período Sengoku. Filho de um camponês, ele ganhou poder, unificou o Japão e foi promovido a Kampaku, o principal conselheiro do imperador. (N. do E.)

usando suas habilidades políticas. Se suas forças fossem maiores, não hesitava em atacar. Em geral, ele atacava com uma tropa dez vezes maior que a do inimigo. O inimigo perdia o ânimo de luta e acabava se rendendo. Assim, conseguia vencer a guerra sem lutar, minimizando seus danos.

Se a guerra for contra um inimigo de força equivalente à sua, o dano será muito grande. Por exemplo, numa batalha entre 10 mil soldados de um lado e 12 mil do outro, haverá muitas baixas. Se for um caso de 10 mil soldados contra 100 mil, em geral, os 10 mil perdem o ânimo de luta. Ao ver que a derrota será arrasadora, o lado fraco acaba se rendendo antes da batalha. Isso é muito comum, e essa deve ser a estratégia dos fortes.

As Leis de Lanchester

Há um conjunto de leis chamadas "Leis de Lanchester"[9] que foram aplicadas nos combates aéreos durante a Segunda Guerra Mundial. Os aviões de combate Zero do Japão eram muito fortes, e não havia como os aviões ame-

---

9 As "Leis de Lanchester", propostas pelo engenheitro inglês Frederick Lanchester (1868-1946), são princípios matemáticos utilizados no estudo de conflitos militares. A "Lei Linear", aplicada a combates da Antiguidade, do tipo corpo a corpo, diz que a força de um exército é proporcional ao seu tamanho; a "Lei Quadrática", aplicada a combates modernos que utilizam armas de longo alcance, do tipo todos contra todos, diz que a força de um exército é proporcional ao quadrado de seu tamanho. (N. do E.)

ricanos vencê-los com base no desempenho. O Zero era muito leve e extremamente versátil nas manobras. Na primeira metade da Segunda Guerra Mundial, a frota americana sofreu muitas derrotas contra os aviões Zero.

O conceito adotado pelos americanos para lidar com essa situação foi o seguinte: num combate de 3 contra 1, seria possível vencer o Zero. Por mais que o Zero fosse combativo, se três aviões o atacassem, não teriam como ser derrotados. Isso era óbvio. Com o triplo de força, esse seria o resultado.

Se as fábricas americanas pudessem aumentar a produção de caças a ponto de usar três aviões contra um Zero, seria possível dizimar a frota inimiga quase sem sofrer danos. Isso seria possível com um grande poder industrial.

Por mais que a performance do Zero fosse superior ou a competência do piloto fosse melhor, ao ser atacado simultaneamente por três caças – por trás, por cima e pela frente –, não teria como escapar.

Embora os pilotos de caça japoneses fossem habilidosos, com 2 mil ou 3 mil horas de voo, passaram a ser derrubados um atrás do outro pelos caças americanos. Como resultado, o número de pilotos experientes foi diminuindo e os pilotos novatos começaram a ser facilmente abatidos.

A nata dos pilotos japoneses estava conduzindo esses aviões e, embora os Zero se mostrassem aviões de combate mais performáticos, estes foram sendo dizimados. Com baixa capacidade produtiva e à medida que a frota ia diminuindo, a força aérea japonesa foi se esfacelando.

No final das contas, o que vale é o poderio industrial. Quanto mais longa for a guerra, menor é a chance de que o lado com capacidade de produção inferior consiga vencer. Assim, as forças americanas usaram as Leis de Lanchester nos combates aéreos e atacaram as frotas japonesas com o triplo de seu número.

Quando as forças americanas atacaram as ilhas mantidas pelas forças japonesas, empregaram a mesma estratégia. Nas linhas de frente, as tropas japonesas tinham um total de 100 mil ou 300 mil soldados – variando conforme a fonte – mas, por apego às suas ilhas, os soldados foram espalhados por diversas delas.

Se todos esses 300 mil soldados estivessem concentrados num único local, o lado japonês teria usufruído de sua superioridade numérica quando a força de desembarque de 30 mil soldados americanos atacasse. Porém, como as forças japonesas não queriam perder nenhuma ilha, dispersaram suas tropas por muitas ilhas.

Para enfraquecer ainda mais o exército japonês, que já estava espalhado por diferentes ilhas, as tropas americanas primeiro miraram nos navios de carga para cortar os suprimentos japoneses. Destruíram assim a logística. Afundar navios de carga civis, e não apenas frotas militares, na verdade é uma infração ao direito internacional. Mesmo assim, os americanos afundaram os navios de carga para interromper o suprimento. O objetivo era isolar as tropas japonesas nas ilhas.

Além disso, onde havia 10 mil soldados japoneses, os americanos enviavam 30 mil fuzileiros navais, para que a diferença no poderio militar ficasse numa proporção de três para um. Ao atacar o inimigo com essa vantagem, torna-se possível aniquilá-lo por completo.

Se, por exemplo, houvesse 30 mil soldados estacionados em três ilhas, daria 10 mil em cada uma. Se cada ilha fosse atacada por 30 mil soldados americanos, todas as tropas japonesas seriam aniquiladas. E foi o que aconteceu.

Essa é a estratégia de guerra praticada pelos fortes. É possível distinguir os fortes dos fracos observando-se o tamanho de cada um na escala geral. Porém, saber se um lado é forte ou fraco vai depender de fatores circunstanciais do campo, e é importante ter essa consciência.

Divida o inimigo e ataque concentrando suas forças nos pontos fracos

Quando o seu inimigo for maior e mais forte do que você, é preciso dividir essa força inimiga em partes menores. Além de fragmentar, você deve atacar concentrando suas forças nos pontos fracos do inimigo. Essa forma de lutar é fundamental.

Assim fez a tropa prussiana que lutou contra Napoleão[10]. A força francesa era sempre mais forte onde seu comandante estava presente, e nessas condições jamais perdia. Entretanto, era fraca onde ele não liderava. Os prussianos descobriram isso e fugiram das batalhas onde Napoleão estava presente. Eles defendiam-se dos ataques franceses até certo ponto, mas recuavam em seguida.

De acordo com a tática de guerra convencional, qualquer retirada significa derrota. Quem avança e persegue o inimigo é vitorioso. Portanto, Napoleão iria triunfar sempre contra a tropa prussiana que fugisse. No entanto, os prussianos reapareciam em outro lugar.

As forças prussianas não viam a retirada como uma derrota. A filosofia deles era: "Não podemos vencer Napoleão. Então, vamos fugir quando ele aparecer. Atacaremos os franceses onde Napoleão não está". Assim, eles repetiriam os ataques e as vitórias onde Napoleão não estivesse, enfraquecendo a força inimiga. Os franceses eram fortes na presença de Napoleão, porém fracos na sua ausência. Por outro lado, os prussianos eram fracos diante de Napoleão, mas fortes na sua ausência. Por isso, as forças prussianas adotaram a tática de recuar quando

---

10 Napoleão Bonaparte (1769-1821) foi um líder político e militar durante os últimos estágios da Revolução Francesa. Por meio das guerras napoleônicas, estabeleceu a hegemonia francesa sobre a maior parte da Europa, e suas campanhas são até hoje estudadas nas academias militares de quase todo o mundo. (N. do E.)

Napoleão aparecesse, mas procurando atacar como uma avalanche durante a sua ausência.

Da mesma forma, na China antiga, quando Xiang Yu e Liu Bang disputavam a supremacia, um dos generais deste último, chamado Han Xin, desenvolveu a estratégia das "emboscadas dos dez lados" para minar pouco a pouco o invencível Xiang Yu e suas tropas. Com essa estratégia, os seguidores de Liu Bang conseguiram exaurir os soldados de Xiang Yu, isolá-los em pequenos números e cercá-los para o extermínio. Esse tipo de tática militar é certamente algo de que precisamos estar cientes.

5

A teoria do foco
(O Princípio da Concentração)

Invista seus recursos empresariais de forma concentrada

Eu gostaria de abordar um quinto ponto denominado "a teoria do foco", que está relacionado com a Seção 4 deste capítulo, "*A Arte da Guerra* para os fracos, *A Arte da Guerra* para os fortes".

Numa batalha, você pode estar em posição de lutar sempre com força total, usando ao máximo o potencial de todos os batalhões, e vencer. Mas isso só é possível se você tiver um exército muito poderoso. Em geral, isso não acontece. No caso de uma empresa, sobretudo se ela ainda estiver em desenvolvimento, é praticamente impossível ter tudo em mãos.

Uma empresa que começa pequena em geral carece de capital humano. O mais comum é que seja limitada em termos financeiros e de capital humano, e conte com fábricas e outros edifícios também inadequados. Às vezes, algumas empresas utilizam uma garagem como fábrica. A multinacional norte-americana Apple Inc. também começou em uma garagem. Esse é um bom exemplo daquilo a que estou me referindo. Isso é muito comum.

Por ser um negócio de pequeno porte nos estágios iniciais, há uma escassez de todos os recursos empresariais. Na maioria das vezes, o que existe é uma ideia ou a competente liderança do fundador. E quanto à mão de obra, há apenas uma ou duas pessoas.

À medida que a empresa cresce, é preciso reunir diversos tipos de recursos empresariais. Esse estilo de luta é importante.

Quando uma empresa possui recursos limitados, não poderá empregar a mesma estratégia adotada por companhias maiores. Ela terá de ser seletiva e concentrar o foco ao extremo: investir os escassos recursos pessoais, financeiros e materiais no negócio de melhor retorno. Sem isso, o caminho não se abrirá.

Por mais que você invista dinheiro em algo, se o negócio não for rentável, o dinheiro desaparecerá. As grandes empresas com capital abundante podem alocar uma certa porcentagem para pesquisar novos projetos e permitir que aquele departamento esteja em déficit. Mas, se a empresa tivesse apenas 100 mil dólares para investir e se o seu fracasso significasse o fim de tudo, esse capital deveria ser investido em um negócio que garantisse o melhor retorno possível. Essa é a teoria do foco.

Se a gerência tentar abraçar o mundo em vez de restringir seu foco, ela poderá gerar resultados insignificantes, apesar dos gastos incidentes em todos os negócios.

Deixe-me apresentar alguns exemplos concretos para facilitar o entendimento. Vamos pegar o exemplo da rede japonesa 7-Eleven. Existem muitas lojas de conveniência semelhantes, que têm entre si uma concorrência acirrada.

Como o fundador da 7-Eleven no Japão era muito criativo, ele pensou em oferecer cerca de cem diferentes tipos de almoço em marmita. Seu raciocínio era oferecer muita variedade, para que as pessoas da vizinhança pudessem comer pratos distintos todos os dias. Desse modo, se o consumidor experimentasse uma marmita por dia, no decorrer de um ano ele iria comer o mesmo prato apenas três vezes, o que certamente o deixaria satisfeito.

No entanto, quando eles colocaram essa ideia em prática, acabou sendo um completo fracasso. Se você pensar um pouco no assunto, creio que descobrirá o motivo do fracasso.

Se uma loja produz cem tipos diferentes de marmita, os clientes podem achar divertido ter tantas opções. Porém, diante de tantas opções, a quantidade vendida de cada item será pequena.

Além disso, fazer todas essas marmitas diferentes exigia muito trabalho, o que aumentava os custos de produção. Como o volume de ingredientes individuais comprados era pequeno, o custo não saía barato. E mais: a escolha do cliente, dentre cem diferentes tipos de marmita, resultava difícil e demorada. Essas foram as falhas no conceito.

Então, a empresa decidiu reduzir a variedade para os dez tipos mais vendidos. Isso aumentou tremendamente o faturamento, e as marmitas passaram a dar lucro, o que faz muito sentido.

Por exemplo, se uma loja de conveniência vende centenas de marmitas de salmão grelhado, pode comprar salmão em grande quantidade, e naturalmente o preço de compra cai. Além disso, seria possível padronizar os procedimentos na produção das marmitas, uma vez que são apenas dez variedades, o que facilitaria o trabalho dos cozinheiros. Para produzir cem variedades é preciso ter profissionais com grandes habilidades, e não é fácil contratar essa mão de obra qualificada. Por outro lado, basta contar com uma mão de obra não qualificada ou até mesmo com amadores para grelhar salmão ou carne bovina.

Assim, ao se concentrar nos dez tipos de marmita mais vendidos, a empresa melhorou sua rentabilidade e obteve um grande sucesso.

Em muitos casos, os fundadores das empresas são muito criativos e cheios de ideias. No entanto, muitas delas não são rentáveis e acabam levando a empresa à falência devido ao alto custo.

Ter ideias é importante; porém, é preciso fazer experiências e ver se o custo é viável. Se você concluir que a ideia não é boa devido ao alto custo, precisará convergir seu foco para negócios que gerem resultados. Isso é essencial.

A teoria do foco pode ser aplicada aos estudos para o vestibular

Essa teoria pode ser aplicada a outras áreas, inclusive aos estudos, por exemplo. Se você ampliar demais as áreas de estudo, seus conhecimentos serão dispersos e você levará muito tempo para melhorar seu desempenho real.

No Japão, os estudos preparatórios para o vestibular podem durar de um a três anos. Considerando-se a capacidade de aprendizagem para um ano, percebe-se quão limitado é o tempo disponível. O objetivo dos estudos preparatórios para vestibular é, no final das contas, atingir o nível de aprovação dentro de um tempo limitado.

Adquirir cultura ao longo de uma vida toda é de suma importância, e não devemos negligenciar esse aspecto. Entretanto, considerando-se o objetivo imediato de passar no exame vestibular, você deve atingir o nível de aprovação, digamos, em um ano.

Por mais que você estude matérias extracurriculares, no vestibular esses conhecimentos não serão avaliados. Portanto, você deve aplicar a teoria do foco também aos estudos para o vestibular.

Existem inúmeros materiais para estudar inglês, mas, se você ficar pulando de um material para o outro, não chegará a um grande resultado. Mesmo que possua dez ou vinte apostilas, só estudará um pouco de cada ou completará metade de cada uma, pois não há como dominar todas elas em um ano.

É natural que você queira obter, ler e estudar diversas apostilas. No entanto, precisa pensar no material mais apropriado para ser aprovado no exame e, assim, concentrar seu foco nas apostilas selecionadas. Tendo em vista o período limitado de um ano, se achar que uma única apostila é suficiente para ser aprovado, deve então se concentrar somente nela.

Concentre toda sua energia em dominar o material recomendado pelos veteranos que foram aprovados ou pelos professores dos cursos preparatórios. Assim, você terá facilidade para atingir o nível de aprovação no curto espaço de um ano.

Se em vez disso você tentar dominar, digamos, três apostilas, dificilmente conseguirá obter êxito. Para dominar um tema, a repetição é fundamental. Ao repetir três vezes, cinco vezes ou mais, você vai adquirindo a capacitação real. Suas notas de avaliação não vão melhorar se você insistir em estudar sempre novos temas. É preciso se conscientizar bem disso.

Em geral, no Japão, os vestibulandos do interior que não possuem informações suficientes sobre os exames fracassam justamente por esse motivo. Enquanto os vestibulandos que têm acesso a tais informações não costumam falhar, aqueles que não o tem acabam fracassando.

Além disso, os vestibulandos que fracassaram no primeiro ano e que estudam em casa para o próximo vestibular acabam fracassando pela segunda vez justamente pela mesma razão. Por terem o dia todo para estudar, eles acabam pensando que possuem um tempo ilimitado para os estudos. Assim, passam a adquirir livros, apostilas e exercícios de todos os tipos. No final, o período de um ano passa a ser insuficiente e, dessa forma, não conseguem transformar os conhecimentos em capacidade real para obter aprovação.

Por outro lado, nos cursos preparatórios para vestibular os professores dão aulas usando apostilas com pouco conteúdo, pois sabem que os alunos estão tão soterrados em meio a tantos materiais, que não conseguem assimilar por falta de tempo. Eles procuram proporcionar aos alunos a sensação de realização fazendo com que eles consigam digerir apostilas de pouco conteúdo. Desse modo, os professores ajudam os alunos a aprender por meio de repetições.

Em suma, quando se deseja gerar resultados num curto espaço de tempo, é de extrema importância concentrar-se nos aspectos importantes. É isso que você deve fazer.

O gestor deve ter duas perspectivas

Concentrar o foco no que é mais importante não é necessariamente uma abordagem que garanta a vitória final na vida, mas com certeza será útil para superar barreiras nas fases de transição da vida. Sem dúvida, o foco é imprescindível quando há um prazo a ser cumprido. Por outro lado, quando se trata de coisas que não envolvem prazos, creio que você precisa dar o melhor de si em diversos campos.

Na gestão empresarial, à medida que o prazo é delimitado pelo balanço contábil, existe o problema de como ficar fora do vermelho durante o ano fiscal corrente. Se determinada duplicata a receber não for liquidada, o balanço do ano fiscal poderá sofrer um dano terrível; então, a empresa deve concentrar seus esforços para equacionar esse problema. Por outro lado, sob a perspectiva de crescimento e prosperidade de longo prazo, também é importante investir em pesquisas numa ampla gama de áreas.

Desse modo, as duas perspectivas são necessárias: ter uma visão ampla e de longo prazo e outra concentrada e de curto prazo. Assim como uma águia, é importante ter uma visão à distância e, ao mesmo tempo, após avistar a presa, ter a visão concentrada capaz de perseguir unicamente os seus movimentos. As duas visões são necessárias. A pessoa precisa olhar para as situações por ambas as perspectivas.

Os gestores, em particular, devem ter tanto uma visão ampla como de uma lente panorâmica que amplia e observa um único ponto como se fosse examinado sob uma lupa. Não basta ter apenas uma delas.

Indivíduos de perfil técnico conseguem facilmente se concentrar em determinado ponto, mas em geral não são capazes de ter a visão do todo. Por outro lado, também há pessoas que conseguem entender a situação geral, mas têm dificuldade em se concentrar num único ponto. Se você é o tipo de pessoa que conhece vários assuntos superficialmente, mas não sabe fazer um investimento concentrado de recursos empresariais, pode se tornar um bom comentarista de negócios, mas será um péssimo gestor.

Isso também faz parte da estratégia de guerra. Se você tiver de pensar em sua vida em períodos definidos e não em termos abstratos, como uma jornada de algumas décadas, então terá de aplicar a teoria do foco.

6
A teoria do ataque em ondas

Saltando da crista de uma onda para a seguinte

O sexto ponto que quero abordar é a teoria do ataque em ondas. O que atinge o pico, em seguida declina. No budismo, isso é chamado de "impermanência das coisas". Trata-se de uma lei. Tudo neste mundo é efêmero, não importa do que você esteja falando: de movimentos, estudo, arte ou força física; uma vez que o pico seja atingido, chega necessariamente o declínio.

Ao aplicarmos esse princípio aos negócios, observamos que, quando a venda de determinado produto está crescendo, isso gera muito lucro e faz a empresa crescer. No entanto, esse produto atingirá inevitavelmente seu pico de vendas. Como é uma lei fixa que as coisas fatalmente atingirão seu auge, você precisa antever seu ponto máximo.

Se o pico vai ocorrer em um, três ou cinco anos, depende do tipo de produto, mas com certeza o pico virá e você deve antevê-lo.

Numa representação gráfica, o pico é o topo da onda. Sempre vai haver o pico e depois o declínio.

Mesmo quando surge um novo produto e ele vende bem, com o tempo surgirão outros produtos que poderão superá-lo e, assim, aquele irá desaparecer. Isso é natural. Por mais que o novo produto seja um sucesso, se muitos produtos similares inundarem o mercado e a concorrência ficar acirrada, seu produto entrará em declínio gradativamente. É isso o que acontece.

Lutar no mercado com um único produto significa ter somente um pico. Isso constitui um grande risco para a empresa que quer sobreviver por décadas e garantir o emprego de um grande número de funcionários. Por isso, é necessário desenvolver uma nova onda antes que o seu produto atinja o seu pico.

Você deve planejar a vinda do pico a cada poucos anos, ou seja, passado um certo tempo depois do pico da primeira onda, precisa fazer com que venha o da próxima onda. Assim, você vai estar sempre saltando da crista de uma onda para outra. Isso é o que chamamos de teoria do ataque em ondas.

Uma vez que o pico é inerente a todos os fenômenos da vida, você deve antever o ciclo da onda e preparar a próxima onda.

Crie grandes ondas

Se o ciclo de uma onda for muito curto, o resultado ou o lucro gerado por aquela onda será reduzido e, portanto, você deve estar atento a esse fato.

Por exemplo, na fase inicial de nossa organização, tínhamos o objetivo de provar a autenticidade das mensagens espirituais. Assim, chegamos a publicar um livro a cada duas semanas com o intuito de lançar as coletâneas de mensagens espirituais o mais rápido possível.

Durante duas semanas após cada lançamento, o livro figurava na lista dos mais vendidos; entretanto, quando o título seguinte era publicado, o livro anterior desaparecia da lista. Na fase inicial, vendíamos 15 mil exemplares em duas semanas, a cada lançamento. Quando o ritmo de lançamento é muito acelerado, o novo título vende bem, mas derruba as vendas do anterior. Isso significa que o ciclo da onda foi muito curto. Os ânimos estavam muito exacerbados.

Quando reduzimos o ritmo e passamos a fazer lançamentos a cada dois ou três meses, conseguimos criar grandes ondas, e a venda de cada título subiu de 15 mil para 50 mil exemplares, 100 mil exemplares, até chegar a 200 mil exemplares.

Quando se pensa em lançar um produto de sucesso que seja capaz de derrubar a concorrência, é preciso planejar uma grande onda. Se você pensa em travar uma ou duas grandes batalhas por ano, é preciso vender o mesmo produto por longo tempo.

Por exemplo, com uma boa técnica de venda e um livro vendável, é possível comercializar 200 mil a 300 mil exemplares por ano. Se você tiver apenas um mês para comercializá-lo, por mais que o venda, os números não chegarão a tanto. Se o ciclo fosse ampliado para um ano, poderia chegar a vender de 200 mil a 300 mil. Enquanto isso, com ciclo de apenas um mês esse mesmo título venderia apenas algumas dezenas de milhares.

Ou seja, para ter uma onda grande e duradoura é preciso planejar bem a combinação com os outros títulos que se pretende publicar. O lançamento de produtos, portanto, não é simplesmente uma questão de rapidez. Quando se pensa em lançar um livro capaz de vender centenas de milhares de cópias, os demais lançamentos devem ser de vendagem menor – da ordem de 30 mil a 50 mil cópias. Mas, se você lançar possíveis *best-sellers* numa sequência rápida, poderá ver o mercado encolher.

Crie produtos *long-sellers*

Fizemos uma análise do ciclo de vida de um livro. No caso de outros produtos, às vezes eles podem ter uma vida útil mais longa. Certos produtos são vendáveis por três anos. Alguns, como os veículos da antiga Datsun[11] – depois incorporada à Nissan –, continuaram vendendo bem por algumas décadas. Há ainda o caso da bebida energética Oronamin C, lançada durante os Jogos Olímpicos de 1964, em Tóquio, e que ainda hoje continua vendendo bem.

A rentabilidade é excelente para os produtos *long-sellers* ou *long-hits*, ou seja, com ciclo de vida longo. A gestão da empresa fica bastante estável quando ela dispõe de produtos como esses. Porém, isso é muito raro. Se você tem condições de oferecer algo assim, um único produto de sucesso pode criar uma grande empresa.

No entanto, há um aspecto assustador nisso tudo. Há casos em que a empresa que conseguiu um grande sucesso num produto lance em seguida um produto similar e, assim, acabe matando o primeiro.

---

11 Famosa marca japonesa de automóveis que produzia carros populares, sobretudo nas décadas de 1930 a 1970. (N. do E.)

Esse é o mecanismo de funcionamento da teoria do ataque em ondas. Como tudo na vida tem seu pico, é importante estimar quando será esse pico e preparar a próxima onda. É preciso planejar a segunda onda e também a terceira.

Se você observar a história da Happy Science, verá que usamos essa técnica em grande medida. Estamos sempre planejando o ataque em ondas, pensando no próximo passo e no subsequente.

7

A teoria das relações públicas

O sétimo tópico é a teoria das relações públicas. O termo "relações públicas" tem uma conotação bastante empresarial, mas, na verdade, esse conceito surgiu na religião. A religião é o verdadeiro campo de aplicação das relações públicas.

Em certo sentido, as relações públicas são tudo para uma religião. O trabalho de uma organização religiosa consiste em descobrir como promover e divulgar seus ensinamentos e doutrinas. Portanto, as relações públicas são a própria missão da religião. Embora você possa achar que as relações públicas são algo tipicamente ligado aos negócios, na verdade elas com certeza também têm um lado religioso.

Se observarmos as religiões do passado, poderemos perceber que a teoria das relações públicas estava presente em suas atividades. Como nos tempos antigos não havia anúncios em jornais ou comerciais de tevê, fazer a divulgação era um problema muito sério.

A Paixão[12] de Cristo, por exemplo, foi uma questão tipicamente de promoção. Os seres humanos não se interessam muito por boas notícias, mas reagem exageradamente em relação às más notícias, às tragédias e aos escândalos. Quando recebem a notícia de que uma pessoa morreu, têm uma reação dez vezes mais intensa do que quando ouvem uma boa notícia. Embora as pessoas não se sensibilizem tanto em relação às boas notícias, quando se trata de mortes estranhas, estas logo se transformam em notícia.

A morte é inevitável e alguém morre em algum lugar todos os dias. Portanto, a morte não é um fato extraordinário, mas o ser humano reage de forma exacerbada quando se trata de coisas negativas.

A crucificação de Jesus com certeza causou um grande alvoroço na época. Entretanto, sob a ótica da teoria das

---

[12] Termo teológico cristão utilizado para descrever os eventos e sofrimentos (físicos, espirituais e mentais) de Jesus nas horas que antecederam seu julgamento e sua execução. (N. do E.)

relações públicas, a crucificação foi a única maneira de promover a evangelização sem dinheiro.

Morrer crucificado foi um enorme escândalo na época, e por isso a notícia se espalhou. As pessoas comuns, por sua própria natureza, não conseguem distinguir o bem do mal, então pensam: "Todo mundo está falando sobre isso. Não entendo bem, mas é incrível". Assim, a crucificação foi uma espécie de relações públicas.

Depois disso, o apóstolo Paulo criou a teoria da expiação sobre o significado da morte de Jesus, afirmando que Jesus foi crucificado para pagar os pecados da humanidade. Com isso, ele criou uma fundamentação teórica para a crucificação de Jesus. A partir de então, os cristãos espalharam sua fé por todo o mundo adotando o sinal da cruz. Creio que essa é também uma maneira de fazer relações públicas.

Segundo análises feitas sob a perspectiva atual, o budismo também realizou muito trabalho promocional. A instituição liderada por Buda contava com um grande número de discípulos ordenados; portanto, não deve ter sido fácil administrá-la. As dificuldades devem ter aumentado sobretudo quando outro grupo religioso inteiro, com mil discípulos, se converteu à ordem de Buda. Naturalmente, angariar oferendas para tantos ordenados deve ter sido difícil.

Quando centenas de monges desciam em grupo da Montanha Vulture, de cabeça raspada e roupas cor de açafrão, com suas tigelas para coletas de oferendas, provavelmente deviam parecer um exército em marcha. Com certeza, isso dava a impressão de ser uma grande instituição. Portanto, a grande quantidade de discípulos servia de relações públicas, pois demonstrava a grandiosidade da organização.

Além disso, dentre os seguidores de Buda havia muitas pessoas famosas, inclusive reis e outros convertidos de alto *status*. Isso serviu ainda como forma de promoção para o grupo. Acredito que esses métodos também são usados pelas religiões contemporâneas.

Voltando ao cristianismo, há o caso de Martinho Lutero[13], que postou suas 95 Teses ao Vaticano na porta da igreja em Wittenberg de forma sensacionalista; esse também foi um trabalho de relações públicas.

Assim, as relações públicas são aplicadas de várias maneiras no campo da religião. Os métodos empregados afetaram enormemente o crescimento das religiões. Não podemos dizer que as relações públicas sejam uma teoria aplicável apenas às empresas.

---

13 Martinho Lutero (1483-1546) foi um monge agostiniano e professor de teologia germânico que se tornou uma das figuras centrais da Reforma Protestante. (N. do E.)

8

A teoria do marketing – Valorize o cliente

O marketing empregado no budismo Kamakura

O oitavo ponto é a teoria do marketing. Examinando as religiões pela ótica da análise empresarial, notamos que muitas delas empregaram o marketing intensamente, mesmo em tempos remotos.

Muitos elementos de marketing podem ser observados sobretudo nos métodos de difusão adotados pelo budismo Kamakura[14].

Em vez da busca individual da Iluminação, a ênfase mudou para o conceito de propagação em massa. Assim, em termos contemporâneos, temos a clara impressão de que foram utilizadas técnicas de marketing no budismo Kamakura.

---

14 Um movimento de reforma no budismo japonês durante o período Kamakura (final do século XII?-início do século XIV). Até então, o budismo tinha um toque acadêmico e nobre; no entanto, novas seitas do budismo se tornaram mais populares entre samurais e agricultores. (N. do E.)

Por exemplo, o monge Shinran[15] ignorou a difícil teoria budista e afirmou que tudo o que era necessário para a salvação era entoar "Namu Amida Butsu"[16]. Esse é um método extremamente simplificado de difundir a fé.

Não apenas isso, mas ele também apresentou a seguinte doutrina: "Justamente as pessoas más é que serão salvas". O normal seria dizer: "Pessoas boas serão salvas, mas pessoas más não podem ser salvas", de acordo com a Lei de Causa e Efeito. No entanto, Shinran assumiu a seguinte posição: "Não, dizer que apenas as pessoas boas podem ser salvas equivale a afirmar que a misericórdia de Buda não é suficiente. A salvação de pessoas más é a prova da grande misericórdia de Buda". Assim, Shinran pregou que todos os seres humanos poderão ser salvos entoando "Namu Amida Butsu", não importa quão ruim sejam.

Depois, ele foi simplificando o conceito cada vez mais, chegando a afirmar que nem era necessário recitar "Namu Amida Butsu" milhares ou milhões de vezes; bastava querer recitar e o indivíduo seria salvo.

Aqui, podemos ver que ele utilizou diversas técnicas de marketing. Um dos obstáculos à propagação do budismo

---

15 Shinran (1173?-1262) foi um monge budista que viveu no início do período Kamakura e fundou o Jodo Shinshu (Budismo da Verdadeira Terra Pura). (N. do E.)
16 Significa: "Eu me refugio no Buda Amida" (o Buda da Luz Infinita). (N. do E.)

foi, sem dúvida, a impressão de que os sutras eram complexos. O povo não conseguia ler os ideogramas chineses. Além disso, os monges liam de uma maneira especial e inacessível aos indivíduos comuns, utilizando uma pronúncia típica do sul da China.

Como resultado, essa dificuldade de compreensão permitiu aos monges budistas ganhar a vida explicando os sutras. No entanto, isso constituía uma barreira para a expansão do budismo. Na verdade, o mais importante era compreender os sutras, mas isso foi negligenciado por Shinran.

Além disso, embora o budismo tenha ensinado que pessoas más não podiam ser salvas, Shinran optou por garantir a captação de muitos clientes, afirmando que pessoas más poderiam ser salvas.

Hoje, existem oficialmente mais de 10 milhões de adeptos à seita Jodo Shinshu, que foi fundada por Shinran. Porém, é quase impossível precisar esse número, uma vez que não há muitos vínculos para ser considerado um fiel. Se adotássemos o mesmo critério, seria muito difícil quantificar os fiéis da Happy Science, mas com certeza seriam dezenas de milhões.

Parece-me que Shinran simplificou os ensinamentos e optou por criar esse tipo de teoria para facilitar a adesão dos fiéis e, assim, ampliar o mercado.

O método de difusão desenvolvido por Nichiren[17] foi bastante semelhante. Ele concluiu que a grande quantidade de sutras estava dificultando o aprendizado pelo povo. Assim, defendeu a superioridade do Sutra do Lótus – que havia sido criado pelo monge chinês T'ien-t'ai Chih-i[18] – e afirmou que esse sutra era o suficiente. Alegava que ele não poderia estar enganado, pois era isso o que T'ien-t'ai Chih-i também pregava. Uma vez que o conteúdo do Sutra do Lótus era complicado e difícil de compreender, ele passou a dizer que bastava repetir o mantra "Namu Myoho Renge Kyo"[19].

Ao comparar "Namu Amida Butsu" com "Namu Myoho Renge Kyo", podemos ver que o comprimento das duas frases é praticamente o mesmo. Sendo concorrentes da mesma época, os dois grupos de fato fizeram uma boa competição.

Eu gostaria de mencionar também que Nichiren era intolerante com outras seitas budistas, declarando, entre outras coisas, que o Zen era obra do demônio, que Shingon iria destruir a nação e que os adeptos de outras seitas

---

17 Nichiren (1222?-1282): foi um monge budista que viveu no início do período Kamakura e fundou o Nichirenshu (budismo Nichiren). (N. do E.)
18 T'ien-t'ai Chih-i (538?-597) foi um monge budista chinês que sistematizou os ensinamentos do budismo Tiantai. Ele categorizou e analisou os vastos ensinamentos do Buda Shakyamuni e viu o Sutra de Lótus como o principal ensinamento do budismo. (N. do E.)
19 Significa: "Eu me refugio no Sutra do Lótus". (N. do E.)

seriam lançados ao Inferno, já que o Sutra do Lótus era o único caminho para a salvação.

Por uma perspectiva contemporânea, podemos dizer que Nichiren adotou uma estratégia de diferenciação, declarando que seu caminho era o único glorioso e que era totalmente diferente dos demais. Ele disse àqueles indivíduos que mantinham crenças distintas: "Se vocês insistirem em acreditar nessa seita, irão para o Inferno". Com essa afirmação, percebe-se o seu desejo de captar "clientes", avisando-os para abandonar a fé em outras seitas e pregando a salvação por meio da sua seita.

Numa comparação com a época atual, essa situação se parece bastante com a concorrência entre produtos. Por exemplo, as empresas Panasonic e Hitachi fabricam os mesmos tipos de eletrodoméstico. Seria como se um vendedor da Panasonic dissesse: "Se você usar produtos da Hitachi, irá direto para o Inferno. Mas, se escolher produtos da Panasonic, irá para o Céu". Seria de fato um exagero.

De volta àquela época, a população total do Japão provavelmente chegava a dezenas de milhões. Mesmo assim, reconhecendo que o número de clientes em potencial era limitado, havia uma competição acirrada e os líderes das várias seitas estavam lutando para ganhar adeptos.

Comparada a esse caminho fácil pregado por essas seitas que enfatizavam a fé, a seita Zen pregou um caminho mais difícil.

Dogen[20], o fundador da seita Soto Zen, escreveu muitos livros longos. O que seria em suma o Zen de Dogen? Tenho a sensação de que ele nunca alcançou a Iluminação. No final, ele simplesmente chegou à conclusão de que o zen é sentar-se no modo meditativo.

Embora o zen seja considerado um caminho difícil, Dogen procurou realizar também a grande difusão, criando um estilo de meditação chamado zazen e convidando o povo a participar.

Além disso, no passado, dizia-se que no budismo era mais difícil uma mulher ser salva do que um homem; que as mulheres tinham muitos impedimentos à Iluminação e, portanto, era difícil uma mulher ascender ao Céu. Isso porque a mulher possuía muitas barreiras na forma de família e filhos; quando se casava e passava a fazer parte de outra família, tinha de lidar com o sogro e a sogra; havia ainda barreiras relacionadas à fisiologia da mulher. Tudo isso dificultava a salvação das mulheres.

Observando o Sutra do Lótus, encontramos o conceito que fala de mulheres ascendendo ao Céu somente depois de se "transformarem em homens".

Esse tipo de pensamento existia, mas Dogen declarou ao espalhar o estilo zazen: "Mulheres e homens são iguais se praticarem zazen. Que impedimentos podem existir para

---

20 Dogen (1200?-1253) foi um monge zen-budista que viveu no início do período Kamakura e fundou Sotoshu (escola Soto do zen-budismo). (N. do E.)

as mulheres?". Assim, ele eliminou aquela parte dos ensinamentos. Ao permitir o acesso das mulheres a um setor antes restrito aos homens, dobrou o tamanho do mercado.

Portanto, ao observarmos esses estilos de trabalho missionário durante o período Kamakura, temos a nítida impressão de que todas as seitas competiam entre si empregando técnicas de marketing. Creio que as técnicas de marketing já vinham sendo praticadas bem antes da era contemporânea.

Descubra demanda e crie demanda

À luz da teoria de gestão empresarial moderna, teríamos a ideia de que aqueles métodos de difusão religiosa buscavam descobrir como captar e ampliar a camada compradora dos produtos da nossa empresa.

Esse é o conceito do modo de pensar orientado para o cliente. É também o conceito de descobrir a necessidade do cliente; não só descobrir, mas também de criar necessidades. Você quer que os clientes pensem: "Eu nunca percebi até agora que existia um produto tão maravilhoso". Aqui, você está criando necessidades.

Ensinar quão valioso é o sutra "Namu Myoho Rengekyo" ou o "Namu Amida Butsu" a pessoas que até então desconheciam seu valor é também um processo de criação de necessidades.

Ao analisarmos o budismo do período Kamakura sob a ótica de captar novos clientes, podemos ver que esse era um caso não apenas de descobrir demandas, mas também de criá-las. Eles estavam claramente envolvidos em um processo de criação de necessidades.

Porém, diferentemente de hoje, na época cerca de 99% dos japoneses acreditavam no outro mundo e que iriam para o Inferno se praticassem o mal. Claro, os líderes religiosos realizavam seu trabalho missionário sob tais premissas. Isso é um pouco diferente da situação que temos hoje.

Dessa maneira, a teoria de captação de clientes também permeou a religião; embora haja ligeira diferença conceitual em relação ao que se utiliza na área empresarial, os métodos são os mesmos. A conquista de fiéis continua sendo alvo de competições entre as diferentes religiões ainda hoje.

Existem vários indicadores usados nas empresas, por exemplo faturamento, rentabilidade, número de funcionários, número de fábricas e outros que podem variar para cada segmento de indústria.

Para as religiões, o índice mais importante é o número de fiéis. Um grupo religioso com um grande número de seguidores seria comparável a uma grande empresa. Cada religião ou seita está empenhada em aumentar seu número de adeptos.

Desde tempos remotos, consciente ou inconscientemente, as religiões vêm simplificando as doutrinas e as práticas de aprimoramento espiritual para aumentar seu número de seguidores, realizando campanhas, atividades de relações públicas etc.

No caso da Happy Science, pela perspectiva da teoria contemporânea, um dos nossos desafios é descobrir a necessidade das pessoas.

No passado, as pessoas acreditavam em espíritos e no outro mundo e temiam cair no Inferno, mas hoje encontramos muitos indivíduos que são ateus. Então, a questão passa a ser descobrir as necessidades desse grupo.

Além disso, outro aspecto que devemos considerar é a criação de demanda. Com certeza, um dos indicadores da nossa instituição deve ser como criar necessidades nessas pessoas.

Essa é uma teoria geral que também pode ser aplicada aos negócios. Quando uma empresa deseja lançar um novo produto, é fundamental que ela primeiro descubra se existe ou não demanda para aquele produto. Em seguida, é importante saber se ela consegue criar uma nova demanda.

Atualmente, a corrente principal da teoria de marketing do mundo ocidental tem o seguinte conceito: "Os consumidores são muito inteligentes; portanto, basta lançar um produto que eles desejam e o produto venderá". É um conceito bastante parecido com o pensamento democrático: "Os eleitores são inteligentes e farão escolhas inteligentes". "Os consumidores são inteligentes, farão escolhas inteligentes e comprarão bons produtos."

São dois conceitos semelhantes; no entanto, há dúvidas sobre a sua veracidade. Por exemplo, não havia demanda pela lâmpada elétrica antes que Thomas Edison a inventasse. Foi justamente porque ele fez essa descoberta que a demanda foi criada pela primeira vez. Era algo que não existia antes, mas que passou a existir a partir de um momento.

Se você perguntasse ao povo se ele queria lâmpadas elétricas antes da invenção de Edison, certamente ninguém diria que sim.

Assim, existem produtos que se tornaram populares porque os fabricantes criaram achando que seriam necessários. Há muitos casos como esse.

O mesmo vale para as ferrovias. Somente os indivíduos mais competentes perceberam por que havia uma necessidade de ferrovias antes que fossem construídas. A princípio, a maioria das pessoas não tinha a menor ideia de seu valor.

No passado, elas olhavam para seus cavalos e pensavam: "Afinal, o cavalo vai a qualquer lugar e trabalha bem, basta alimentá-lo com feno; ele é muito mais prático do que um trem. Quando temos bons cavalos à nossa disposição, para que precisamos de trens pesados que expiram vapor ou pesados blocos de ferro cruzando os campos? Além disso, o trem precisa de centenas de quilômetros de trilho e só consegue correr em cima dele. Não é nada prático".

Antes da instalação das ferrovias, havia muitas discussões do tipo: "O cavalo avança mesmo nas estradas estreitas. E muitos que têm o seu ganha-pão com serviços ligados a cavalos vão acabar perdendo sua fonte de renda".

Quem criticava a ferrovia não conseguia nem imaginar que ela iria provocar uma gigantesca revolução no transporte.

A mesma história se deu em relação ao avião. Ninguém conseguia acreditar que aquele veículo pudesse realmente voar pelo céu. Para as pessoas que viviam no século XIX, a ideia de que um meio de transporte metálico pudesse pairar nos céus era inconcebível. Se alguém realizasse uma pesquisa de mercado na época, perguntando se o público gostaria de voar em uma carruagem de metal pelo céu, ninguém teria dito que sim. O próprio pensamento de voar no céu era assustador; as pessoas não queriam morrer. Certamente pensariam que estavam sendo enganadas.

O pensamento orientado para o mercado é importante, mas, no caso de algo completamente novo, com frequência ainda nem existe o mercado. Há momentos em que inventores e empreendedores geniais criam os próprios mercados – nessas ocasiões, eles não podem depender apenas de andar por aí e conversar com os consumidores para descobrir a demanda.

Entretanto, depois que surgiu um certo nível de necessidades do mercado, é perfeitamente possível desenvolver novos produtos, mantendo um olhar atento às tendências do consumidor.

Na economia, existe uma lei conhecida como Lei de Say, nomeada em homenagem ao economista francês Jean-Baptiste Say (1767-1832), autor da teoria. A Lei de Say é um princípio muito primitivo que diz que a oferta pode criar a própria demanda; em outras palavras, "basta ter a oferta de um produto e isso venderá". Creio que a história moderna pode ser vista como evidência desse princípio em ação.

Quando alguém inventa algo inexistente até então, esse item começa a ser vendido. Pegue o rádio como exemplo. No início, os consumidores queriam saber o que aquele aparelho podia fazer. Mas, assim que descobriram como usá-lo, todo mundo saiu para comprar um. O mesmo ocorreu com o carro e a televisão.

Portanto, no momento de uma invenção, provavelmente é verdade que tudo o que se produz irá vender. Contudo, essa teoria deixa de funcionar quando muitas empresas passam a vender diversos modelos desse mesmo produto, como foi o caso da televisão. Nessas circunstâncias, você seria superado se não oferecesse modelos de tevê desejados por muitos consumidores.

Essa é a razão pela qual os fabricantes hoje precisam realizar pesquisas para determinar as preferências do consumidor em relação a tamanho, preço, cor, design e vários outros recursos. Eles têm de realizar pesquisas constantemente para determinar que tipo de tevê está sendo demandada no momento.

Hoje, existem tevês de parede. Isso reflete o conceito de que a tevê é parte integrante do design de interiores de um ambiente, um conceito que não existia até então. Antes, o foco estava na qualidade da imagem, então as tevês tendiam a ser pesadas, volumosas, pretas e não muito atraentes. Mas agora surgiu o modelo preso à parede.

Em exemplos como esse, é difícil afirmar de forma decisiva se é um caso de descoberta ou de criação de demanda.

Muitas vezes, um mercado nem existe até que um novo produto seja lançado. No entanto, depois que o item é introduzido no mercado, é preciso oferecer novos modelos para se adequar às preferências dos consumidores ou clientes. Assim, é fundamental que se pesquise constantemente as tendências entre os usuários do produto.

9

Valorização da força do produto – Não negligencie Pesquisa e Desenvolvimento

P&D e marketing são dois lados da mesma moeda

O nono ponto que eu gostaria de discutir é a valorização da força do produto. Em relação a esse ponto, como na última seção, é preciso sempre pesquisar as tendências do consumidor quanto ao produto.

Há uma máxima nos negócios que diz: "Não importa se o produto é o mesmo; basta aumentar o poder do marketing e as vendas aumentarão". No entanto, no caso de uma empresa jovem, ela não crescerá se o produto não tiver força. Além disso, o produto também deve ter afinidade com a época.

Veja a Toyota Motors, por exemplo. Nos tempos de Sakichi Toyoda[21], a empresa precursora trabalhava na fabricação de teares têxteis. Então, na era de seu filho, Kiichiro

---

21 Sakichi Toyoda (1867?-1930): inventor e empresário japonês que fundou o Grupo Toyota. (N. do E.)

Toyoda começou a pesquisar e fabricar veículos a motor. Nesse caso, o produto tinha força e também afinidade com a época.

Quando uma empresa está em desenvolvimento recente, em geral é preciso que haja um produto ou algo equivalente. No início, provavelmente não conta com recursos humanos nem capital, mas deve ter um produto. Assim que a venda desse produto dispara é quando geralmente a empresa se estabelece. Eis o fundamento.

Por conseguinte, é de suma importância continuar investindo em pesquisa e desenvolvimento. Ao realizar pesquisa e desenvolvimento para lançar um produto absolutamente novo, uma das maneiras é se concentrar na pesquisa intensiva. Mas, assim como se faz no marketing, você nunca deve esquecer as necessidades dos usuários do produto.

O mesmo se aplica aos oradores da Happy Science quando realizam palestras. Se o palestrante, que nesse caso está no lado da oferta, pensasse apenas em si, provavelmente planejaria falar durante todo o tempo programado por achar que esse é o seu papel. No entanto, se ele parasse para levar em conta o que os ouvintes gostariam de ouvir, com certeza o conteúdo da palestra seria definido com base nessa consideração. Além disso, ele poderia ouvir os comentários do público após a palestra e, se concluísse que há necessidade de rever o conteúdo, deveria mudá-lo para a próxima palestra.

P&D e marketing orientado para o cliente, em certo sentido, são dois lados da mesma moeda. Primeiramente, nasce um novo produto. Depois, ao longo do processo de distribuição e consumo, é fundamental pesquisar quanto o produto é aceito e que tipo de reação ele gera; com base nisso, é preciso implementar melhorias.

Por mais que seu produto seja bom, sempre surge um produto concorrente, e essa é a dificuldade.

Assim como no caso da Coca-Cola e da Pepsi-Cola, é até incrível que empresas tão semelhantes consigam coexistir. Ambas competem agressivamente em termos de marketing. Por exemplo, elas realizam degustações às cegas, pedindo aos participantes que escolham qual bebida eles acham que tem melhor sabor.

Em primeiro lugar vem o produto. Embora no início o refrigerante Coca-Cola tivesse um gosto acentuado de remédio, a empresa implementou melhorias e passou a vender muito. Isso pode acontecer.

Um produto pode ser um item tangível ou intangível, como um software. De qualquer forma, é preciso acreditar que, em última instância, é altíssimo o valor agregado gerado pela criação de um produto.

A Microsoft, por exemplo, é uma empresa que cresceu muito rapidamente. Seus softwares para computadores, como o Windows, eram vendidos em grandes quantidades porque esses produtos tinham uma grande força. O conceito fundamental de Bill Gates, em última instância, está na padronização. Ele afirmou que, por melhor que fosse a tecnologia, ela só poderia ser vendida em grandes volumes se se tornasse o padrão do setor e fosse fácil de usar por todos. Os computadores deixaram de ser operados pressionando-se as teclas de um teclado e passaram a ser operados com o uso de um mouse. Dessa maneira, a ênfase deve ser a facilidade de uso sob ótica do cliente.

Outra abordagem é esperar que o mercado amadureça e cresça até determinado tamanho antes de vender um produto, mesmo que as atividades de pesquisa e desenvolvimento estejam numa fase bastante avançada. A menos que um mercado seja grande, não se pode esperar resultados compatíveis com os custos de desenvolvimento. Por isso, só se lança um produto para vendas quando o mercado amadurece. Por exemplo, existe ainda o método que no Japão é chamado pejorativamente de "Estratégia do Retardatário". Trata-se da estratégia de invadir o mercado desenvolvido por uma empresa concorrente, que fez o trabalho pesado, porém oferecendo um produto melhor e mais fácil de usar.

A Matsushita Electric, antes de mudar seu nome para Panasonic, foi rotulada como uma empresa tipicamente de estratégia do retardatário. Afinal, é muito mais fácil começar a vender num mercado que já foi desenvolvido pelo concorrente.

Sendo pioneiro, você corre o risco de fracassar. Ingressar no mercado cujo potencial já é comprovado está menos sujeito ao fracasso. Além disso, se você puder melhorar o produto para facilitar seu uso e satisfazer as necessidades dos clientes e conseguir fazer sua padronização, poderá alcançar um grande volume de vendas.

Assim, quando você consegue juntar os elementos de P&D e de marketing, pode realizar vendas em grande escala e em grande volume. Com isso, seus lucros devem aumentar muito. Esse é o tipo de pensamento que o gestor deve ter. Produtos de baixa vendagem não são capazes de promover a empresa, tampouco de gerar tanto lucro.

Os lucros podem acelerar o desenvolvimento

Quando se consegue ter lucro, isso definitivamente vai acelerar o desenvolvimento. Por exemplo, as religiões são organizações públicas sem fins lucrativos, e não operam de acordo com o conceito de lucro. No entanto, em termos contábeis, elas precisam ter itens equivalentes ao lucro em suas contas. São os custos para proporcionar o desenvolvimento e a continuidade do negócio. Se o valor dos lucros é grande, a organização religiosa pode, por exemplo, construir os próprios edifícios. Se a margem de lucro continua crescendo, é possível produzir filmes para cinema. Esses investimentos não seriam possíveis se os lucros fossem reduzidos.

As organizações públicas e outras organizações sem fins lucrativos não operam com base no conceito de lucro, mas ainda assim precisam de capital para desenvolver recursos financeiros ou de custos para seu desenvolvimento. Quanto maior for esse montante, mais rápido será o ritmo de crescimento. Portanto, mesmo nas organizações sem fins lucrativos, o conceito de lucro é válido. E o método para atingir esse objetivo é lançar um "software" ou conteúdo capaz de atrair o maior número possível de pessoas e que esse "produto" faça muita gente feliz. Portanto, é vital juntar P&D e marketing.

10

A teoria dos três "Ls": "leve, largo e longo"

Explorar demais seu público pode impedir o desenvolvimento

O décimo ponto que quero abordar é a teoria dos três "Ls": "leve, largo e longo". Isso é algo com o qual também temos muito cuidado em nossa instituição. O erro ou tropeço que quase todas as novas religiões cometem é que elas exploram demais seu público-alvo.

Do ponto de vista da teoria de gestão, isso ocorre porque a atratividade do produto é ruim. Quando um produto é bom, vende bem. Mas, se o produto não é tão bom, a empresa tende a explorar seus poucos clientes. As más instituições procuram explorar seus membros até os últimos centavos. Isso quase sempre acontece com seitas fraudulentas, que vendem objetos religiosos com a promessa de milagres sobrenaturais.

Esse é também um problema relacionado com a competência de gestão. Quando a instituição precisa de muito dinheiro para gastar, mas tem poucos membros, a tendência é de explorar muito os poucos adeptos. Por exemplo, vamos considerar o caso da seita A^{22} do Japão. Sem entrar no mérito se ela é uma seita boa ou má, vamos analisá-la puramente em termos de gestão empresarial.

No auge de sua popularidade, a seita A contava com mais de 10 mil fiéis, dos quais aproximadamente 1.000 eram discípulos ordenados, número que chegou a 1.700 nos seus últimos dias. Com certeza, deveriam estar desesperados em sua fase final.

Ter 1.700 discípulos ordenados para 10 mil fiéis significa um discípulo para cada seis fiéis. Somente esses números são suficientes para indicar que o grupo entraria

---

22 O autor se refere aqui à seita Aum Shinrikyo, um novo movimento religioso fundado no Japão em 1987, responsável pelo ataque ao metrô de Tóquio com gás sarin, em 1995. (N. do E.)

em colapso. É inviável sustentar tantas pessoas. Numa religião normal, pode haver um padre, pastor ou monge para cada cem famílias. Essa é a regra geral. Portanto, se a proporção é de um para seis, não há como a religião se sustentar. Em tal situação iniciam-se medidas extremas, para extorquir todo o patrimônio dos fiéis. Do ponto de vista administrativo, é um absurdo.

As religiões que praticam falsos milagres também são assim. Vamos pegar um grupo, a Associação T^{23}, por exemplo. A falta de um produto confiável é o grande gargalo desta seita.

Esse grupo quase não tem livros e só produziu um vídeo. Por não ter produtos para difundir suas mensagens, usa as técnicas para enganar os fiéis. Como resultado, os fiéis vêm sofrendo danos severos.

O fundador da seita queria uma fortuna para gastar e está investindo grandes somas em negócios na Coreia do Sul. Entretanto, por falta de produtos para gerar receita, os dirigentes da seita arranjam selos ou vasos para vender. Assim, eles procuram inventar maneiras que garantam altos lucros, mas o sentimento que eu tenho é de dó. Mesmo em termos de pura análise gerencial, o que eles fazem é um absurdo, e quem sofre são os fiéis.

---

23 O autor refere-se ao Cosmo Mate, um novo movimento religioso fundado no Japão em 1984, que mais tarde mudou seu nome para World Mate. (N. do E.)

As pessoas não aderiram a essa religião para vender selos ou "Pagodes Dourados". Obviamente, se fossem objetos religiosos legítimos, seria bom. Se, dentro da doutrina, houvesse uma justificativa teórica de que os selos ou os pagodes são absolutamente necessários para alcançar a Iluminação, então não haveria problema. Mas não é esse o caso; eles querem simplesmente arrecadar fundos.

Quando se tenta gerar receitas sem produtos, surgem práticas de estelionato com falsos milagres. Trata-se de uma prática extorsiva e lesiva aos fiéis.

Havia também um grupo religioso que cobrava dezenas de milhares de dólares pela participação em seminários. Isso também pode ser considerado um exemplo de exploração exagerada. Ou seja, a necessidade de explorar os fiéis ocorre devido à baixa popularidade do grupo. Por não ser prestigiada, a instituição tenta explorar ao máximo os poucos participantes.

Eles partem da premissa de que os participantes não voltarão e, portanto, o objetivo é extorquir tudo o que for possível já na primeira vez. Porém, o fato de a religião estar cobrando grandes quantias dos participantes se tornou um problema, e a seita acabou sendo denunciada. Foi uma exploração exagerada. Isso jamais aconteceria se o grupo tivesse uma mentalidade orientada para o cliente, mas ele insiste em um estilo de gestão orientada ao produtor, e não ao cliente. Quando o produtor pensa somente nos seus interesses, os problemas são frequentes, pois há choque de valores entre as partes. Se fosse uma verdadeira religião, jamais iria extorquir seus fiéis, pois o essencial é a longa continuidade da fé.

Outra seita com baixa taxa de retenção de fiéis costuma fazer a mesma coisa. Extorque tudo dos fiéis em dois a três meses e depois os abandona. Em geral, as seitas problemáticas têm esse tipo de pensamento. Como eles só estão interessados em gastar o dinheiro, os fiéis são vistos meramente como meios. Trata-se de um pensamento que, em última instância, impede o seu crescimento.

Oferecer um bom produto para muitos clientes por longo tempo

O conceito de "leve, largo e longo" também pode ser aplicado aos impostos: se forem altos demais, os cidadãos deixarão de trabalhar. Se os impostos se tornarem exorbitantes, digamos, "50% para o governo, 50% para o povo" ou "60% para o governo, 40% para o povo", a população perderá a motivação e deixará de trabalhar. Portanto, não se deve cobrar impostos muito altos.

Por outro lado, se as alíquotas forem muito baixas, a receita tributária diminuirá demais. Então, se você definir as taxas de imposto em cerca de 10% ou 20% e incentivar os cidadãos a trabalhar durante toda a vida, a nação se tornará estável e se desenvolverá. Se você coletar muitos impostos a cada ano, os cidadãos ficarão exaustos e o país enfraquecerá.

Além disso, é necessário cobrar impostos de uma ampla faixa de contribuintes. Entretanto, no atual sistema tributário do Japão cobra-se muito imposto de quem é fácil se cobrar, e nada se cobra dos demais. Para corrigir essa situação, o governo está pensando em aumentar o imposto sobre o consumo, porém o correto seria cobrar de modo leve – ou seja, pouco – e largo – isto é, de uma ampla faixa de contribuintes.

Ademais, os impostos devem ser cobrados por um longo período de tempo. Se num ano o governo decidir extorquir os cidadãos o quanto puder e matá-los de fome, não conseguirá cobrar impostos no ano seguinte. Em outras palavras, a carga tributária deve ser distribuída por um longo período de tempo.

Estamos falando de um tema de interesse do Estado. O mesmo vale para as empresas. É preciso cultivar clientes regulares que usem repetidas vezes seus produtos. Por exemplo, uma empresa pode querer vender uma lâmpada vitalícia para um cliente ao preço de milhares de dólares, mas esse método é semelhante ao de grupos religiosos inescrupulosos.

Esse tipo de seita poderia anunciar: "Compre uma lâmpada destas, de longuíssima duração. Oportunidade única na vida. Você desfrutará de felicidade até que a lâmpada se apague". Sem dúvida, essa seria uma técnica semelhante à da falsa religião.

Todavia, a lâmpada com certeza se extinguirá depois de algumas centenas de horas. Quando queimar, espera-se que o cliente use a próxima lâmpada repetindo a compra. E, se o produto for de boa qualidade, o normal é que esse cliente recomende o produto para outros consumidores. Essa seria a maneira correta de crescimento.

Algumas pessoas pensam em obter lucros extraordinários fabricando um produto muito raro, mas o resultado geralmente é malsucedido, pois o princípio do crescimento de uma empresa é oferecer bons produtos para que muitas pessoas os usem todos os anos, por um longo período de tempo.

Esse princípio é praticamente o mesmo para aplicações fora da esfera dos negócios. O meu pensamento também era bastante próximo disso e, em determinada ocasião, certa revista criticou a Happy Science dizendo que um dos nossos pontos fracos é que não tínhamos produtos caros. Em seguida nos comparou ao Cosmo Mate e elogiou a seita por ter produtos de preço elevado. No entanto, atualmente, esse grupo está à beira da falência.

Nossa instituição cresceu porque sempre acreditei que a fé não teria continuidade se houvesse a exploração de uma pessoa com valores exorbitantes. As organizações que não crescem são aquelas que adotam o estilo de explorar poucas pessoas e ao máximo.

Esse é o fundamento. Você precisa perceber que a mentalidade empresarial também serve para a religião. Para crescer, deve-se cativar o maior número possível de usuários ou consumidores. E, para tanto, você deve oferecer bons produtos a preços acessíveis.

Por exemplo, se a Happy Science estiver cobrando 100 dólares por algo que outras instituições cobram 10 mil dólares, numa classificação empresarial fica evidente que a nossa instituição seria considerada uma grande corporação. Além disso, essa prática indica claramente que a quantidade de fiéis vai aumentar no futuro. É nisso que devemos acreditar e ter paciência.

O mesmo vale para uma empresa. Se você descobre algo, no começo sua margem de lucro será maior. Mas, assim que diversos produtos concorrentes começarem a inundar o mercado, os preços irão gradualmente cair. É preciso planejar tudo isso para não passar por dificuldades.

Olhe para os carros. Existem muitos carros parecidos. Portanto, os presunçosos ou os que pensam que estão sempre certos não sobreviverão no mercado por muito tempo.

11

A teoria do capital próprio – O conceito de "gestão de barragem"

Use seu dinheiro como capital inicial

Meu décimo primeiro ponto diz respeito ao que chamo de "teoria do capital próprio". Ao estabelecer um negócio, a maioria das pessoas logo pensa em pedir dinheiro emprestado a um banco. Por exemplo, os editores de revistas geralmente cogitam fazer um empréstimo e gerar superávit em cerca de três anos. No entanto, essa é uma maneira medíocre de pensar. A verdade é que muitas *startups* como essas vão à falência porque não conseguem gerar superávit em três anos.

Quando fundamos nossa instituição, as condições financeiras de que dispúnhamos eram iguais às dos outros, mas trabalhamos com recursos próprios sem contar com empréstimos. Estávamos empenhados em não tomar dinheiro de terceiros; antes de tudo, a meta era gerar recursos próprios e, depois, crescer com esses recursos.

A Happy Science teve início em 1986; naquela ocasião, escrevi pequenas palestras em um processador de textos para produzir livretos, que foram distribuídos na minha primeira palestra a fim de gerar receita à vista. Essa receita foi o nosso capital inicial. Em seguida, usamos o dinheiro obtido para comprar vários tipos de equipamentos e móveis para nosso escritório, enquanto eu me preparava para a próxima palestra. Portanto, não fizemos nenhuma dívida. Nossa intenção era economizar as receitas geradas, usá-las como capital para a próxima atividade e crescer. E assim fomos expandindo cada vez mais.

É bastante saudável essa ideia de gerar receitas e empregá-las como capital inicial para expandir o empreendimento. De fato, sem isso você não pode ter um verdadeiro espírito empreendedor. Uma pessoa que não entende o real valor do dinheiro pensará imediatamente em fazer um grande empréstimo e usá-lo para administrar seus negócios. Mas, com frequência, acaba não conseguindo obter um equilíbrio financeiro.

Essa teoria do capital próprio significa também que o tipo de pessoa que não é capaz de fazer uma poupança pessoal não terá sucesso na administração de seus negócios. Essa dedução é perfeitamente válida.

Certa vez, quando mudei de residência, encontrei uma antiga caderneta de poupança de muitos anos atrás. Fiquei surpreso, pois havia me esquecido de ter conseguido essas economias. Quando deixei a empresa em que trabalhava e me tornei independente, eu possuía cerca de 30 mil dólares guardados. Mas, sem usar esse dinheiro, fundei a Happy Science com zero de capital inicial. Então, quando a caderneta apareceu vários anos depois, fiquei realmente surpreso.

Comece pequeno e vá crescendo gradualmente

No início, você pode pensar que começar um negócio com seu dinheiro disponível é algo insignificante, e que seria capaz de estabelecer um grande negócio se fizesse um empréstimo vultoso. No entanto, em termos práticos, a probabilidade de fracassar é mínima quando você começa pequeno e vai crescendo gradualmente.

Nas empresas japonesas, há um ditado popular que diz: "Comece seu negócio na varanda ou no galpão que pegou emprestado do vizinho. Desse modo, você não vai falhar". Muitos empreendimentos iniciados pomposamente em grandes escritórios costumam falir. Portanto, o truque nos negócios é começar pequeno e crescer aos poucos. Se fizer as coisas dessa maneira, com certeza não irá fracassar.

A rede japonesa de supermercados Daiei começou dessa maneira. A Apple Computer também teve origem na garagem de seu fundador. Quando Bill Gates era estudante da Universidade Harvard, ele ganhou um dinheiro jogando pôquer com amigos e o usou como capital inicial para montar a Microsoft. Não sei se isso pode ser classificado como capital próprio. De qualquer maneira, ele iniciou a empresa com dinheiro próprio e a fez crescer enormemente desde então.

Depois disso, o importante é usar esse dinheiro com sabedoria e ficar atento a oportunidades de negócio que permitirão que você cresça mais. Tendo esse talento ou sagacidade, não há como falhar. Entretanto, quem começa usando dinheiro alheio, por exemplo, pedindo um empréstimo a um banco, aos amigos, pais ou outras pessoas, em geral, entra em falência em um ano. Pessoas assim costumam falhar porque não têm gratidão pelo dinheiro.

Os empreendimentos que requerem altos investimentos iniciais têm uma grande probabilidade de fracassar. Entretanto, poucos são os que fracassam adotando o estilo de começar pequeno para crescer de modo gradual.

Porém, para colocar isso em prática, você precisa controlar seus desejos na fase inicial e ter muita resiliência. Primeiro, deve tentar aumentar o que já tem. Se conseguir fazer isso, com certeza o crescimento de sua empresa será como o de uma bola de neve rolando montanha abaixo.

A Happy Science deu partida dessa forma, em outubro de 1986. Mas foi só em agosto de 1987 que recebi meu primeiro salário. Como não queria aumentar os gastos da instituição, fiquei sem remuneração por mais de meio ano. No entanto, nossa instituição desabrochou durante esse mesmo período. Suponha que eu tivesse alugado um escritório, contratasse muitos funcionários desde o início e mantivesse essa estrutura com as receitas de minhas palestras. A organização logo entraria em colapso se o número de participantes das palestras não aumentasse ou se as pessoas não voltassem para as próximas.

Com essa possibilidade em mente, fiz todo o possível para minimizar as despesas e fiquei observando a evolução atentamente por cerca de um ano. Essa foi a atitude que tive na época. E, depois de constatar nosso crescimento, fomos consolidando gradativamente nossa instituição.

Creio que esse modelo de gestão é aplicável mesmo em áreas fora da religião. O importante é fazer crescer aos poucos o que é pequeno. Quem já teve a experiência de acumular o capital próprio costuma ser mais prudente. Porém, quem iniciou um negócio com dinheiro alheio, embora às vezes possa ter sucesso, com muita frequência fracassa quando surge um obstáculo.

Estar no vermelho é sinal de desperdício de recursos

No Japão, quando uma empresa gera lucro, tem de pagar cerca de 40% desse valor em imposto[24]. Uma vez que o imposto é oneroso, é comum os tributaristas recomendarem medidas de elisão fiscal para minimizar seu recolhimento.

---

24 Na época da palestra. (N. do E.)

Dentre as empresas japonesas, milhões são de pequeno porte e cerca de 70% delas estão operando no vermelho, já que não querem pagar o imposto sobre lucro. Elas não precisam pagar esse imposto se não obtiverem lucro; então, geram despesas para manter o balanço levemente no vermelho e não pagar o imposto sobre lucro.

Mas essa é uma prática que estimula a gestão negligente. Qualquer que seja o empreendimento, ele deve almejar um certo lucro. Por meio do recolhimento de impostos constitui-se a legitimidade da empresa como uma entidade social.

As empresas são administradas utilizando efetivamente os recursos limitados da sociedade, como pessoas, materiais, dinheiro e informações. Portanto, se a empresa não consegue gerar lucro, devemos considerar que essa gestão falhou e ela está desperdiçando recursos.

Por exemplo, os funcionários de uma empresa são recursos preciosos. Suponhamos que cem pessoas sejam contratadas, porém isso coloca a empresa no vermelho. Então, de acordo com a teoria de gestão que descrevi na Introdução, podemos concluir que essa abordagem não gerou resultados.

Se a empresa contrata cem funcionários e o balanço está no vermelho, então ela não está conseguindo produzir mais resultados do que a somatória de esforços dos cem funcionários trabalhando separadamente.

Ou ainda, se a empresa está no vermelho usando o capital de 1 milhão de dólares, significa que ela está desperdiçando os limitados recursos da sociedade. Por conseguinte, é melhor que esse tipo de empresa entre em falência. Seria melhor para a sociedade se ela fosse absorvida por outra empresa que soubesse fazer melhor uso de seus recursos humanos, financeiros e materiais.

O mundo não pode se desenvolver sem empresas superavitárias. Com empresas gerando lucros, o PIB (produto interno bruto) geral crescerá, as receitas tributárias do país aumentarão e a nação como um todo se desenvolverá. Porém, se todos estiverem no vermelho, então a sociedade estará rolando ladeira abaixo.

A reserva interna de lucros é importante

Essa filosofia de acumular o próprio capital para crescer ou "reserva interna de lucro e poupança" é uma ideia típica da "gestão de barragem". Essa é a teoria que Konosuke Matsushita[25] – o "deus" da gestão japonesa – costumava falar. Ele defendeu a ideia de construir reservatórios de recursos de gestão.

---

25 Konosuke Matsushita (1894-1989) foi um empresário industrial japonês, fundador da Matsushita Electric Industrial Co., mais conhecida como a firma que engloba a marca de aparelhos eletrônicos Panasonic. Para muitos japoneses ele é conhecido como o "deus da gestão". (N. do E.)

A água de um rio em geral está sempre fluindo, mas às vezes seca por completo. É para isso que se constrói uma barragem: represa-se a água, que depois é liberada quando necessário e no volume necessário, estabilizando-se assim o abastecimento da água para geração de energia elétrica.

A gestão funciona do mesmo modo. Como existem fases de crescimento e recessão, o ambiente de negócios pode mudar muito ao longo de um período de cinco ou dez anos. As empresas que se saem bem nas fases de crescimento acabam falindo repentinamente quando chegam os tempos difíceis. Portanto, assim como uma barragem sempre tem água armazenada, a empresa deve ter uma reserva de capital preparando-se para as crises econômicas.

O tipo de pessoa que, por natureza, gasta logo todo dinheiro que entra não serve para gestão. Mas ainda há aquelas que gastam mais do que recebem, porque o estilo delas é confiar que o dinheiro virá no futuro. Não pode ser assim. Afinal, devemos controlar nossos desejos até certo ponto e desenvolver uma estrutura financeira que possa enfrentar fatores incertos do futuro. Isso é gestão de barragem. (Konosuke Matsushita também considerou usar a gestão de barragem em outras áreas além da financeira.)

Porém, esse modelo às vezes resulta em desperdício, e é preciso ter cuidado ao implementá-lo. Se você for cauteloso demais e se preocupar apenas em acumular, a empresa não conseguirá crescer. Essa é uma questão de lógica do pulmão, que acumula o ar, mas também o libera. Até mesmo numa barragem real, quando a água atinge certo nível, abre-se a comporta. O objetivo não é só acumular. Há momentos em que se libera a água para realizar trabalhos.

Desse modo, é importante ter a mentalidade de acumular capital, porém você deve aplicar parte dele em investimentos úteis ou nas despesas de negócios. Não se deve exagerar na filosofia de estoque excessivo. Manter seu depósito sempre abarrotado de mercadorias por medo de desabastecimento também não é uma abordagem eficaz. A gestão de barragem não é necessariamente esse tipo de mentalidade.

Entretanto, o conceito de formar o próprio capital é de suma importância tanto na vida pessoal como na empresarial. Quem pratica essa abordagem normalmente são as empresas que já tiveram uma amarga lição no passado. Por exemplo, a Toyota já esteve à beira da falência algum tempo atrás. Na época, solicitou financiamento ao Banco Sumitomo – atualmente, o Banco Mitsui-Sumitomo –, que foi negado de forma ríspida. Muito indignado, o presidente resolveu acumular capital próprio.

Assim, a Toyota chegou a acumular uma fortuna de mais de 10 bilhões de dólares, recebendo o apelido de "Banco Toyota". Normalmente, a abertura de uma nova agência bancária requer um capital em torno de 200 a 300 milhões de dólares. Alguns bancos de pequeno porte, quando desejam abrir uma agência, em vez de pedir o dinheiro para a matriz, pegam emprestado da Toyota. Assim, ironicamente, a Toyota chegou ao ponto de emprestar dinheiro aos bancos.

O mesmo se deu com a Panasonic. A empresa passou por uma amarga experiência em questões financeiras e, desde então, adotou a política de gestão sem dívida. Se você tomar a decisão de realizar os negócios da empresa sem pedir dinheiro emprestado, o estilo de gestão sem dívida se tornará uma realidade. Mas, se em vez disso você achar que pode gerenciar com base em empréstimos e dívidas, nunca conseguirá se libertar das dívidas.

12

O estilo de gestão *top-down*

Quando o superior hierárquico assume toda a responsabilidade

O décimo segundo ponto é o estilo de gestão *top-down* (de cima para baixo). Na sociedade japonesa, é comum se adotar o tipo *bottom-up* (de baixo para cima) nas tomadas de decisão. O modelo mais comum nos países ocidentais é o primeiro, enquanto no Japão é o segundo.

O estilo *bottom-up* é de baixo risco. É quando um profissional de posição inferior apresenta uma proposta e um diretor aprova. Portanto, se a ideia fracassar a responsabilidade é, a princípio, do profissional do baixo escalão e a diretoria não precisa assumir nenhuma responsabilidade.

Assim, embora as decisões importantes de gestão só possam ser tomadas pelos escalões superiores, há uma tendência de transferir essa tarefa aos subordinados, pois, se essa política fracassar, a responsabilidade passa a ser do baixo escalão. Esse modelo induz os profissionais – que não têm informações gerenciais suficientes nem recebem remuneração condizente – a executarem um trabalho tipicamente do gestor, além de assumirem a responsabilidade.

Portanto, creio que esse padrão *bottom-up* nem sempre é a melhor abordagem. Nas empresas japonesas, o trabalho dos que estão no topo com frequência consiste basicamente em assinar documentos de aprovação. Sinto que seja um sistema um tanto quanto omisso.

Há problemas se formos pensar sobre o padrão *top-down* como uma organização burocrática, mas nesse tipo de padrão o superior hierárquico assume a responsabilidade, ou seja, a responsabilidade está nas mãos de quem dá as ordens e instruções. Em compensação, os que estão no topo sempre têm muitas informações disponíveis e devem participar dos trabalhos de P&D. Creio que isso seja relevante.

A Happy Science vem adotando o modelo *top-down*, que é muito comum nas instituições religiosas. De fato, nas entidades em que o fundador está presente esse estilo é o mais comum. E nas que não adotam esse estilo, quando examinadas com cuidado, em geral nem são grupos religiosos.

É muito comum as organizações comerciais que só têm fachada de entidade religiosa adotarem o estilo que não seja *top-down*. Ou seja, numa seita em que não há fundador nem doutrina, mas se declara como uma entidade religiosa, é muito comum ser uma empresa comercial disfarçada de religião. Eis o problema. Muitas entidades religiosas nem são uma religião. Entretanto, qualquer grupo que possua um fundador, tenha doutrinas, acredite em Deus ou Buda e no mundo celestial e dê orientações aos homens do mundo terreno adota o modelo *top-down*.

No Japão, em 1995, durante o debate sobre a reforma da Lei das Sociedades Religiosas, houve muita discussão sobre a relação entre religião e democracia. Na ocasião, algumas pessoas alegavam que as religiões não eram democráticas, mas o lado cristão replicou que a religião era um processo de cima para baixo oriundo de Deus e que por isso não precisava ser democrática. Em se tratando de práticas tradicionais oriundas de tempos remotos, elas não precisariam ser necessariamente democráticas. De fato, na religião há muitos aspectos como os citados.

As decisões devem ser tomadas perto do campo de ação

O modelo *bottom-up* seria um problema se fosse meramente um sistema para obter aprovação nos formulários enviados à diretoria. Porém, se houver um fluxo ascendente de vários tipos de informações e ideias proativas das pessoas dos níveis mais baixos, esse modelo também pode garantir o desenvolvimento da empresa como um todo.

Por mais que se diga que a decisão é do presidente, em geral nas empresas as informações passam por diversos graus hierárquicos até chegar a ele. Em muitos casos, o presidente é o último a saber, e quando for tomar a decisão poderá ser tarde demais.

Nesse sentido, creio que as decisões devem ser tomadas o mais próximo possível do campo de ação. Se a empresa não adotar um estilo no qual as decisões sejam tomadas o mais próximo possível de onde as informações são coletadas, tornar-se-á uma organização debilitada.

No entanto, jamais se deve adotar um estilo de gestão em que o presidente, os diretores ou os gerentes fujam da responsabilidade. Embora as decisões devam ser tomadas perto do campo de ação, o estilo em que o gestor assuma apenas o papel de porta-bandeira – o que é muito comum no Japão – não é nem moderno, tampouco futurístico. Afinal, são as pessoas que estão nos cargos mais elevados que devem tomar as decisões mais difíceis e assumir a maior responsabilidade. Não é nada bom ter um sistema em que, quanto mais elevado o cargo, mais leve seja o trabalho.

13

Meritocracia – Dê uma segunda chance aos derrotados

Valorize um forte DNA

O décimo terceiro ponto que quero abordar é o sistema de avaliação de recursos humanos baseado na meritocracia.

Esse tema está relacionado também com a inovação. Em geral, nas organizações e corporações tradicionais há uma hierarquia rígida e valores muito bem definidos nos quais as decisões se baseiam. No entanto, ao desenvolver e promover negócios com novo estilo, os requisitos mudam rapidamente. As habilidades necessárias e os resultados esperados no trabalho mudam.

Aquilo que foi considerado maravilhoso este ano pode se tornar obsoleto no próximo ano. Uma pessoa que foi aclamada como um líder competente este ano pode deixar de ser no próximo. Esse é um fenômeno que ocorre apenas em empresas que crescem rapidamente. Onde não há crescimento, não ocorre.

Uma empresa que não está em desenvolvimento fica, basicamente, numa situação semelhante à de uma sociedade agrícola ou de uma sociedade estagnada, que passa a punir os profissionais que se destacam. Assim, as pessoas procuram se tolher para não ficar em evidência e passam a valorizar a comunidade. Esse tipo de sociedade que não cresce em geral é governada pela inveja, e aqueles que se destacam são punidos.

Numa sociedade estagnada, costuma haver um forte sentimento de igualdade, mas, ao mesmo tempo, um exacerbado sentimento de inveja. Aqueles que se destacam são punidos sem piedade. Porém, se você almeja progredir, surgem diferenças inevitáveis, e é muito difícil atenuar as coisas nessa situação. Numa sociedade invejosa, por mais que se almeje o desenvolvimento, como existe a cultura dos invejosos que condenam os bem-sucedidos, pode-se dizer que o desenvolvimento será bastante prejudicado.

É sem dúvida muito importante ter uma cultura em que as pessoas bem-sucedidas sejam abençoadas. Nesse ponto, os Estados Unidos são superiores ao Japão. Na América, o sucesso de indivíduos ou de empresas é muito valorizado. É como se houvesse uma aura especial nas pessoas bem-sucedidas.

No entanto, no Japão, o importante não é ser bem-sucedido, mas permanecer medíocre e pacato, sem ser alguém incapaz demais ou capaz demais. Além disso, se quiser ser apreciado pelo seu chefe, é melhor não ser uma ameaça para ele. Se você não representar nenhuma ameaça, seu chefe com certeza ficará feliz e, aos poucos, irá se formar um grupo de pessoas inúteis abaixo dele. Pessoas úteis e talentosas tendem a ser críticas e acabam desagradando o chefe. Assim, só sobem na carreira pessoas incompetentes.

Quando cresce o número de chefes que promovem os incompetentes, a organização vai crescendo, mas depois entra em colapso. Isso é inevitável. No final, apenas os bajuladores ou aqueles que não fazem diferença passam a subir na carreira profissional. Quando isso ocorre, a organização chega ao seu estado terminal.

Em uma boa organização, os que têm forte DNA são valorizados. E outros DNAs se fortalecem liderados pelo forte DNA. É vital que a transmissão de genes fortes aconteça dentro da organização. Em vez de excluir os genes fortes como um corpo estranho, a organização pode espalhá-los por todas as outras partes e fortalecê-las. Então, sua organização será voltada para o progresso.

É por isso que se deve optar pela meritocracia. Esse sistema não significa necessariamente a valorização de cargos e títulos. Em vez disso, quero observar que o trabalho em si é a recompensa das capacidades de alguém. A melhor forma de administrar é fazer com que os trabalhos sejam concentrados em pessoas competentes. O trabalho por si só é uma recompensa. Os títulos e salários são meramente consequências, e quando eles passam a ser o único alvo dos profissionais, começam a surgir pessoas de outro tipo.

O mais importante é o conceito no qual os trabalhos sejam concentrados em pessoas competentes e também o conceito de que o trabalho por si só é a recompensa.

Dê uma segunda chance aos que falharam

Nas organizações em transformação, suas necessidades também mudam. Pessoas bem avaliadas hoje podem deixar de ser no próximo ano. E nem sempre é por culpa dos profissionais. Os requisitos mudam e a cultura também. Portanto, não é que os critérios de avaliação atual estejam errados; talvez seja apenas porque a organização tenha necessidades diferentes amanhã.

Assim, há casos em que pessoas bem avaliadas agora podem não ser tão apreciadas no próximo ano. Isso talvez ocorra porque as tendências estão mudando constantemente e, nesse caso, tais profissionais podem ser alocados em novas posições. Dessa forma, eles podem exibir seus talentos uma vez mais.

Portanto, numa sociedade em transformação, precisamos desenvolver mecanismos pelos quais um indivíduo possa se recuperar das derrotas repetidas vezes.

Numa organização orientada à inovação, é perigoso quando só há uma chance para o funcionário, e sem possibilidade de recuperação, porque, com a eliminação sistemática de gargalos de processo, teremos mais profissionais descartados do que profissionais em ascensão. Isso ocorre quando a taxa de crescimento é alta. Quase todas as empresas de capital de risco (*venture capital*) passam por isso.

Empresas como as que começam a funcionar em uma garagem geralmente não têm pessoas com habilidades avançadas de gestão nos estágios iniciais. À medida que essas empresas se tornam grandes corporações com dezenas de milhares de funcionários, elas começam a recrutar profissionais de grande competência. Quando isso ocorre, os profissionais que estavam desde o início começam a se sentir cada vez mais pressionados.

Entretanto, esse tipo de renovação de pessoas é salutar. É a prova de que a empresa está progredindo. Se isso não estiver acontecendo, é sinal de que não está fazendo nenhum progresso.

Veja o caso da Panasonic. Seu primeiro presidente foi Konosuke Matsushita, que abandonou o ensino fundamental. No início da empresa, ele costumava dizer que bastava contratar funcionários com o ensino fundamental.

Depois, à medida que a empresa crescia, elevou a exigência para técnicos do ensino médio. Por fim, quando se tornou uma corporação de grande porte, admitiu que precisava de graduados no nível superior.

Konosuke Matsushita afirmava que era melhor contratar pessoas adequadas ao tamanho da empresa. Para uma organização em evolução, é difícil recrutar profissionais de grande competência desde o início. Entretanto, é preciso ter a percepção de que o nível profissional demandado pela organização muda de acordo com o seu crescimento. Deve-se dispor de capital humano apropriado para cada momento.

Certa empresa que cresceu e se tornou global numa única geração tinha um vice-presidente na fase inicial que, posteriormente, se tornou um simples funcionário. Esse tipo de coisa ocorre em todos os lugares.

Dizem que, se uma cobra que não consegue fazer a troca de pele, morre. Para crescer, uma cobra precisa se livrar da pele velha. Com certeza, a troca de pele é dolorosa, mas, sem passar por isso, ela não cresce e morre. A cigarra também tem de sair da sua carapaça se quiser voar. Quando uma organização "sai da carapaça", chamamos de inovação. A inovação é absolutamente essencial para a organização crescer.

O mesmo vale para as religiões. Quando o número de fiéis da Happy Science chegou a 10 mil, era hora de uma "troca de pele" em grande escala. Naquele momento, os métodos usados até então não eram mais viáveis. Técnicas de gerenciamento, políticas de recursos humanos e maneiras de pensar – tudo estava ficando inoperante e precisava ser descartado. Se não inovássemos, não poderíamos nos desenvolver mais. Isso ocorreu quando atingimos 10 mil fiéis. A maioria dos grupos religiosos não consegue superar esse limite de 10 mil fiéis e interrompe seu crescimento quando atinge a marca de centenas ou milhares de fiéis. Creio que eles estão felizes com isso.

Portanto, se você acha que não pode ultrapassar o nível de 10 mil fiéis, deve se estabelecer nesse tamanho. Mas, se estiver determinado a crescer, terá de mudar seus métodos, e o processo inevitavelmente será doloroso. Com sorte, as trocas serão apenas da diretoria. Porém, se a situação ficar fora de controle, no final será preciso até trocar a presidência. Em última instância, pode ocorrer o colapso da organização.

Isso também ocorre nas empresas. Embora dependa da sorte do fundador, a inovação deve ser praticada com afinco. Nas empresas, em última instância, surge o problema da limitação na capacidade até do presidente. Para evitar esse tipo de problema, a única solução é continuar estudando constantemente.

Enquanto a empresa é uma pequena fábrica numa cidade interiorana, não há problemas em preservar o estilo de valorizar a política de boa vizinhança ou se concentrar em fabricar produtos para nichos de mercado. No entanto, à medida que a empresa crescer, os responsáveis terão de estudar o aspecto financeiro, pois o dinheiro envolvido será maior. Os métodos de compra serão diferentes; eles também estarão lidando com grandes empresas. Além disso, terão de recrutar funcionários de alto nível e, consequentemente, surgirá a necessidade de gestão de recursos humanos. Então, quando começarem a negociar com empresas estrangeiras, terão de contratar profissionais fluentes em inglês. Assim, muitas mudanças serão imprescindíveis.

Para se adequar a essas mudanças, além da renovação de pessoal, os executivos da alta administração precisam continuar estudando. Sem isso, as mudanças não serão concluídas.

Se eles não puderem continuar estudando, o desenvolvimento da empresa será interrompido; aliás, a empresa deve interromper seu crescimento, caso contrário a organização se desmoronará. O gestor deve ter consciência das suas limitações e interromper o progresso quando o empreendimento atingir seu limite. Essa é também uma decisão correta.

A meritocracia é um sistema extremamente importante; mas, como as mudanças na cultura organizacional podem tanto constituir um benefício como a desgraça de alguém, é também importante proporcionar àqueles que experimentaram o fracasso a oportunidade de se recuperar, repetidamente.

14

A teoria da descentralização

O ser humano tem seus limites

Como décimo quarto ponto, eu gostaria de abordar a teoria da descentralização. Um exemplo desse tipo na política seria a descentralização regional. Nas empresas, poderia ser o sistema de Unidades de Negócio. Esse método consiste em criar uma unidade para cada tipo de produto, e o diretor da unidade seria como o presidente de uma pequena empresa.

À medida que os negócios prosperam, não importa quem seja o presidente, sozinho ele não seria capaz de acompanhar tudo; então, a gerência deve ser segmentada e delegada.

Contudo, nesse momento, é preciso atentar para o fato de que nem sempre a pessoa capaz de fazer o gerenciamento está disponível na própria empresa. Em geral, uma empresa em desenvolvimento passa pelo sofrimento tanto de perder funcionários que trabalhavam nela desde o início, pois estes não conseguem acompanhar o desenvolvimento da companhia, como de fracassar com profissionais contratados de fora, que não atendem às expectativas. Mesmo assim, sem a descentralização do poder a empresa não poderá crescer mais, pois a capacidade de uma única pessoa é limitada.

Na Seção 4 deste capítulo, falei sobre estratégias para os fracos e estratégias para os fortes. Dei o exemplo do exército de Napoleão, que sempre vencia quando o líder estava presente. Mas a capacidade de coleta de informações de seus subordinados estava limitada à área que eles podiam percorrer a cavalo. Portanto, sua área de comando de guerra estava limitada a cerca de 200 quilômetros, que era o percurso máximo que um cavalo poderia alcançar em um dia. Quando a guerra se estendia a uma área maior que essa, ele não conseguia comandar e acabava sendo derrotado.

Na Seção 10, ao discutir a teoria de "leve, largo e longo", afirmei que, independentemente de uma religião ser boa ou ruim, a análise baseada na teoria de gestão pode ser aplicada inclusive na religião. O mesmo vale para a guerra.

Adolf Hitler[26], por exemplo, poderia naturalmente ser considerado uma pessoa má se o julgássemos sob a perspectiva do bem e do mal. Porém, segundo a visão de Konosuke Matsushita em termos da teoria de gestão, Hitler estava para ter um colapso gerencial, pois abriu excessivamente o *front* de guerra, enfrentando muitos países simultaneamente.

Depois de ter derrotado a França, ele encurralou a Grã-Bretanha e desafiou também a União Soviética. Isso equivalia a uma extensão enorme das linhas alemãs, e mesmo a poderosa Alemanha não tinha um exército ilimitado. Além disso, dividir as tropas em diversas frentes exigia numerosos oficiais para comandar. Como não havia tantos oficiais preparados, os responsáveis não podiam dar ordens adequadas às tropas. O comando funcionava numa batalha localizada, mas se tornou inviável quando a guerra se estendeu em diversos locais.

Quanto aos ataques inimigos vindos por mar, a Alemanha seria bem-sucedida se precisasse defender somente sua região costeira. Mas, depois de conquistar a França, os alemães foram então forçados a defender tanto a costa francesa quanto a alemã. Ao conquistar a Polônia, tiveram que

---

26 Adolf Hitler (1889-1945) foi um político alemão que se tornou o grande líder do Partido Nazista. Como ditador do Reich Alemão, levou o mundo à Segunda Guerra Mundial e foi a figura central do Holocausto. É considerado por muitos como um dos maiores vilões da história. (N. do E.)

defender também aquele território interior. Com tantos lugares diferentes para defender, não importava o tamanho do exército que Hitler pudesse ter, seria impossível.

Apesar disso, ele seguiu em frente e invadiu a União Soviética. Escolheu o mesmo dia em que Napoleão sofreu uma derrota desastrosa quando invadiu a Rússia. Porém, Hitler também acabou sendo derrotado pelo inverno russo.

Como mencionei antes, o comando não chega ao seu destino quando as linhas militares se estendem demasiadamente. Portanto, quando não há um cérebro estrategista no campo de batalha, as decisões não podem ser tomadas. Isso leva à derrota.

Além disso, quando os exércitos aliados invadiram a Normandia, na França, Hitler não pôde tomar uma decisão porque estava dormindo. Nas tropas alemãs, os comandantes de campo não tinham autoridade para tomar decisões avançadas, e, assim, não tinham como se defender e foram derrotados. Em última análise, como esse tipo de situação acontece, é vital aplicar a teoria da descentralização.

Construa uma organização com pessoas que se ajudam mutuamente

O ser humano não evolui rapidamente. Mesmo assim, é preciso delegar certos poderes e permitir que os subordinados tomem decisões em 70% a 80% dos casos. Sem isso, não é possível obter grandes resultados como um todo.

Entretanto, quando a descentralização fracassa, a empresa fica semelhante à organização burocrática de uma repartição pública, dividida horizontalmente, na qual cada um trabalha isoladamente, gerando muitos desperdícios. Portanto, é preciso descentralizar e, ao mesmo tempo, criar uma organização com pessoas que se ajudam e se apoiam mutuamente. Sem isso, haverá muitos desperdícios organizacionais.

Digamos, por exemplo, que exista em sua empresa um departamento chamado Setor de Educação e Treinamento. O que ocorreria se ele fosse dividido em Setor de Educação e Setor de Treinamento?

E se o Setor de Educação recebesse ordens para somente elaborar apostilas e programas de treinamento e o Setor de Treinamento apenas tivesse de administrar e executar os seminários?

O Setor de Educação terminaria seu trabalho assim que criasse os programas de treinamento e o material para as palestras. Então, quando dezenas de participantes viessem para se hospedar, o Setor de Educação não iria se envolver porque a administração do seminário é responsabilidade do Setor de Treinamento.

Desse modo, o Setor de Educação ficaria folgado, enquanto o Setor de Treinamento estaria tão ocupado e sobrecarregado que precisaria solicitar o dobro da quantidade de funcionários.

Do ponto de vista gerencial, essa situação é negativa. Se a administração dos seminários fosse uma atribuição exclusiva do Setor de Treinamento, seria preciso duplicar sua equipe. Porém, essa necessidade seria somente durante os períodos de maior movimento, e não permanente. Bastaria que outros departamentos ajudassem quando fosse necessário.

O descentralismo pode provocar esse tipo de falhas. Portanto, é preciso estabelecer sistemas de apoio mútuo.

No Japão, costuma-se dizer que o fracasso é uma certeza quando a empresa recruta ex-oficiais das Forças de Autodefesa do Japão (FAJ). Isso ocorre porque eles tendem a definir esferas de autoridade com muita clareza. No caso de pequenas e médias empresas, a definição clara da autoridade invariavelmente fracassa, porque cada departamento acaba trabalhando isoladamente, exigindo, portanto, muitas pessoas para fazer tudo. É assim que funcionam as forças armadas. Esse é o comentário geral que se ouve.

Com a descentralização, você precisa criar um sistema de autoajuda mútua; caso contrário, haverá muitos desperdícios e a eficiência administrativa cairá bastante.

15

A teoria da horizontalização

A verticalização excessiva estimula a irresponsabilidade

Como décimo quinto ponto, eu gostaria de abordar a teoria da horizontalização. Quando há muitos estratos verticais ou níveis, a organização pode acabar morrendo. O presidente será o último a receber as informações necessárias e não terá como tomar as decisões adequadas.

Por exemplo, se vinte funcionários têm de assinar documentos de aprovação, quando chega no décimo sétimo, ele não estará realmente analisando o conteúdo para tomar uma decisão. Sabendo que há mais três indivíduos acima dele, provavelmente deixará a decisão por conta dos próximos da lista. O mesmo ocorrerá com o décimo oitavo, pois acreditará que o décimo nono tomará a decisão.

E quanto ao vigésimo da fila, será que vai analisar e tomar a decisão? Na realidade, ele pensará: "Se as pessoas de número 1 a 19 já aprovaram, então não há nada de errado com isso". Assim, a verdade é que ninguém está de fato analisando e tomando uma decisão acertada. Portanto, o excesso de camadas verticais pode facilmente estimular a irresponsabilidade. Por outro lado, se um assunto pode ser decidido com uma única assinatura, fica bem evidente quem é a pessoa que está assumindo a responsabilidade.

A General Electric (GE), uma grande empresa, passou por uma situação semelhante. Um operário da fábrica percebeu que suas luvas de trabalho estavam desgastadas e requisitou um par de luvas novas. Porém, na GE havia um sistema em que o formulário de requisição de material precisava ser assinado por três supervisores. Nesse caso, as máquinas de produção tiveram de ser paradas para que o trabalhador pudesse colher as assinaturas e, assim, receber um novo par de luvas.

Quando o presidente da GE soube do fato, ficou imaginando por que as coisas tinham de ser daquele modo. Depois de alguma investigação, descobriu que no passado houve o caso da perda de uma caixa com uma dúzia de luvas. Desde então, para evitar mais perdas, qualquer pessoa que precisasse de luvas novas teria de preencher um formulário de requisição.

Isso é um grande desperdício. Não apenas o trabalho de coleta de assinatura como a parada das máquinas são desperdícios. Quanto ao que a empresa fez, uma caixa de luvas novas passou a ser posicionada perto da estação de trabalho dos operários. Esse caso pode parecer ridículo, mas quando uma organização cresce, as pessoas fazem muitas coisas que contribuem para uma queda na eficiência do trabalho.

Isso é particularmente verdadeiro nas repartições públicas. Sempre que ocorre um problema, aumenta-se o número de funcionários ou se cria uma nova camada hierárquica de "supervisores". Uma vez que já existe essa tendência, quando são necessárias muitas assinaturas para se obter a aprovação de algo, é preciso reduzir as camadas hierárquicas de tempos em tempos. Sem essas medidas, os processos travam na ausência dessas pessoas.

A média gerência está em via de extinção

Quanto menos estratos hierárquicos, melhor. É preciso criar empresas com o mínimo possível de estratos. Nos últimos dez anos, sobretudo em organizações maiores, tem ocorrido um grande movimento para "achatar" as organizações, pois sem isso elas não conseguem sobreviver.

Para esse fim, está havendo um movimento para eliminar a média gerência. Bill Gates, por exemplo, disse: "Quando o uso do e-mail começou, isso decretou a extinção da média gerência". Ele mesmo fez uso extensivo de e-mails.

Por meio de uma rede local na empresa, os e-mails podem fazer a conexão direta entre todos os funcionários, desde a presidência até a pessoa encarregada de uma tarefa específica, e as respostas são imediatas. Nem há necessidade de se encontrar com as pessoas na sala de reunião para conversar. É uma espécie de conversa por escrito. As mensagens chegam diretamente aos encarregados e as respostas voltam para o emissor das mensagens.

Do modo como as coisas funcionam hoje, não há mais espaço para a média gerência. Bill Gates previu o fim dos cargos de gerência de nível médio e alertou as pessoas para estarem cientes dessa tendência, que ele atribuiu diretamente ao surgimento do e-mail.

Embora outros dispositivos eletrônicos como os aparelhos de fax ou o telefone não tenham tido tanto impacto quanto o e-mail, eles também contribuíram para a extinção da gerência de nível médio. Com o avanço dessas ferramentas, estão em via de extinção todas as seções que existiam meramente para assinar aprovações ou que ainda resistiam porque a administração havia ignorado sua existência.

Antigamente, no caso dos discípulos diretos de Buda, para se ter o ganha-pão bastava ser capaz de memorizar e reproduzir as pregações de Buda. No presente, porém, graças ao CD e ao DVD, não basta contar com essas habilidades; é preciso ter competências mais avançadas. Hoje, aquelas pessoas teriam de ser capazes de fornecer excelentes interpretações das pregações para conseguir sobreviver.

Agora que todos podem ouvir uma palestra, são necessárias habilidades diferentes daquelas do passado e, por isso, as coisas se tornaram mais difíceis para os discípulos. O mundo está cada vez mais prático, e é preciso ter consciência de que está muito mais difícil viver apenas de intermediações.

16

A teoria da reestruturação – Faça revisões drásticas do trabalho

O décimo sexto ponto que eu gostaria de destacar é a teoria da reestruturação, ou seja, uma drástica revisão do trabalho.

O número de tarefas tende a aumentar à medida que uma organização cresce. As tarefas criadas há muito tempo permanecem, enquanto novas tarefas são criadas. Além disso, novos departamentos são criados para coordenar os vários departamentos. E dentro deles novas tarefas se iniciam. Assim, por princípio, o trabalho tende a aumentar.

Observando os escritórios do governo japonês, em Tóquio, temos no topo o governo central ou federal; depois, o governo metropolitano de Tóquio, e, mais abaixo, as prefeituras regionais. Você pode se perguntar se todas essas repartições públicas são realmente necessárias. Talvez não precisemos delas. Todo o trabalho relacionado a Tóquio, agora a cargo do governo central, poderia ser confiado ao governo metropolitano, o que seria bom. E, se as prefeituras regionais fossem competentes, você nem precisaria do governo metropolitano. Essa é a verdade.

O trabalho tende a se tornar redundante. Criam-se trabalhos acessórios para que se possa realizar o trabalho propriamente dito. Portanto, para tentar encontrar maneiras de reduzir os custos, o mais importante não é cortar despesas, mas eliminar tarefas inúteis com base na revisão dos processos, questionando a necessidade real de cada uma. Os imensos custos vêm das tarefas desnecessárias.

Quando o lucro cai, costuma-se cobrar a redução de custos, mas em muitos casos há um trabalho inútil sendo realizado. São tarefas que um dia foram necessárias, mas que hoje podem ser dispensadas. O exemplo que dei anteriormente, da série de aprovações necessárias apenas para substituir um par de luvas, é um caso típico de trabalho sem sentido. O maior corte de gastos é alcançado com a eliminação de tarefas inúteis.

Isso está relacionado à inovação. Numa organização em crescimento, essa revisão de tarefas deve ser feita constantemente, como uma forma de prevenir um colapso. É preciso eliminar com coragem o trabalho desnecessário. Livrar-se de tudo o que é supérfluo é bom, porque você achará impossível eliminar um trabalho se ele for realmente necessário. Já as tarefas desnecessárias poderão ser eliminadas sem consequências.

Por exemplo, no Japão os serviços postais foram privatizados. Na verdade, não havia necessidade de que fosse do setor público. Os serviços postais podem ser feitos integralmente pelo setor privado. No entanto, certos interesses fizeram o possível para impedir a privatização. Eles se esforçaram para impedir o ingresso de empresas privadas como a Kuroneko Yamato (Yamato Transport Co.). Mas, ao interromper as atividades descartáveis, o déficit público diminui.

O mesmo vale para uma empresa privada. O mais importante é se livrar de tarefas descartáveis. Mas, com frequência, alguns funcionários se preocupam com o fato de que, se suas tarefas forem encerradas, eles não terão nenhum trabalho a fazer e estarão correndo o risco de perder o emprego, de serem demitidos. Mesmo assim, o trabalho desnecessário deve ser eliminado com ousadia.

Nesse caso, você deve pesquisar novos trabalhos. Precisa criar trabalhos de elevada produtividade e de alto valor agregado. Se o seu trabalho atual não é algo que deva ser feito por um profissional que recebe o seu salário, você deve delegá-lo a alguém com um salário mais baixo.

Ao fazer isso, você pode achar que vai ficar sem nada para fazer, mas, se ficar apenas deixando o tempo passar, acabará sendo demitido. Então, o próximo passo é aproveitar o tempo disponível e realizar um trabalho de valor agregado mais elevado, de alta produtividade, orientado à pesquisa e ao desenvolvimento. Você deve fazer um esforço contínuo para realizar revisões drásticas no seu trabalho.

17

Prudência e ousadia – Conclusão

O décimo sétimo ponto está relacionado à prudência e à ousadia. Esta é a conclusão sobre o tópico da teoria da gestão que encerra o capítulo.

Se você observar a teoria de gestão aplicada na Happy Science, provavelmente encontrará áreas em que atuamos com grande ousadia, apostando em coisas incertas. Contudo, não se trata meramente de exibicionismo barato. Somos meticulosos em áreas que requerem atenção minuciosa e extremamente prudentes quando a prudência é necessária.

Há muitas organizações que fracassaram tentando imitar os nossos métodos. Falharam porque observaram apenas nossas ações promocionais e o comportamento do departamento de publicidade e marketing, e deduziram erroneamente que nossa instituição como um todo fosse assim. Mas, na verdade, somos bastante prudentes na defesa.

Organizações imprudentes acabam falindo, cedo ou tarde. Entretanto, se você trabalhar somente com prudência, nunca crescerá. No final, você deve ter em mente tanto a prudência como a ousadia. Mesmo quando se lança a uma luta com ousadia, não deve se envolver num projeto em que possa perder tudo de uma vez só. Ao se envolver num grande projeto, você precisa buscar grandes resultados, mas também deve evitar fazer qualquer coisa que possa destruir todo o seu negócio e procurar resguardar firmemente o que vai lhe garantir a sobrevivência.

Algumas pessoas só enxergam a nossa ousadia, mas dentro da nossa instituição existe tanto a corrente da prudência como a da ousadia. Portanto, aqueles que adquiriram habilidades de gestão no estilo da Happy Science com certeza serão capazes de fazer as coisas com prudência e ousadia.

Essa é a maneira de progredir enquanto se trabalha de maneira estável.

Capítulo DOIS

Dicas de Gestão

Sabedoria para Sobreviver em Períodos de Deflação

Dicas de Gestão

1

O conceito correto de deflação

É errado acreditar que a deflação causa necessariamente a recessão

O título do Capítulo 2, "Dicas de gestão", pode ser um pouco vago, mas pretendo abordar aspectos que serão úteis em algumas circunstâncias no período deflacionário.

O que eu gostaria de discutir, em particular, é como encarar a deflação[27]. A sociedade japonesa está alvoroçada pelo advento da deflação ou pela era deflacionária, e muitas pessoas estão discutindo qual a melhor maneira de enfrentá-la, pois temem que isso signifique uma recessão econômica. Numa linguagem simples, deflação significa uma queda no preço dos produtos. Os preços

---

[27] Em países que enfrentam períodos prolongados de estagnação econômica, como o Japão, a deflação pode ser o maior vilão da economia, forçando o governo a intervir para combater um ciclo recessivo gerado pelos preços cada vez mais baixos. No Brasil, no entanto, a deflação não é comum, e em poucos momentos de sua história o país teve deflação por vários meses seguidos. A primeira vez foi em 1930, após o "crash" da bolsa de Nova York em 1929. Na história recente, registrou deflação prolongada em 1998 por quatro meses. Na década passada, apontou registros em junho de 2003, junho de 2005 e junho de 2006. (N. do E.)

das mercadorias caem e, com isso, ocorre também a queda de salários. De fato, no Japão, até os salários dos funcionários públicos caem. Assim, boa parte da população acredita que a queda na renda vai causar recessão econômica, e a mídia está corroborando esse pensamento.

Eu gostaria de salientar, porém, que existe uma falha nesse modo de pensar. De fato, a deflação é acompanhada de uma diminuição na renda, além de uma queda no preço das mercadorias. Muita gente acredita que a recessão econômica é inevitável, uma vez que a indústria e o comércio preferem vender mais caro para ganhar mais. Como a deflação vai provocar a queda de preços, a situação vai piorar; além disso, com a queda de salários, inclusive dos funcionários públicos, o poder aquisitivo do povo também vai cair. Assim pensam as pessoas.

No entanto, é um erro acreditar que a deflação causa recessão. O que significa a queda de preços causada pela deflação? Significa uma transferência da camada básica da economia para um nível inferior. Em outras palavras, significa uma ampliação da base da economia.

Por exemplo, pessoas de baixa renda que antes não podiam comprar mercadorias caras começam a comprar essas mesmas mercadorias graças à queda de preços. Os serviços que antes eram inacessíveis para uma pessoa comum passam a ser adquiridos quando os preços são reduzidos. Isso significa que as pessoas passam a ter mais acesso aos produtos porque estão mais baratos. É um conceito muito fácil de entender.

Se um carro que custa 20 mil dólares é reduzido para 15 mil ou 10 mil dólares, as pessoas que antes não podiam comprar esse carro agora podem comprá-lo. O consumidor cujo salário não permitia comprar um veículo de 20 mil dólares vai poder adquiri-lo se seu preço cair para 15 mil, 10 mil ou 9 mil dólares.

Assim, as pessoas que antes não tinham condições de adquirir certos produtos passam a obtê-los devido à redução de preço. Se a classe econômica que não tinha acesso a um automóvel de 20 mil dólares passa a comprar esse mesmo carro por 10 mil, o faturamento da loja, que era zero, vai aumentar para 10 mil, mesmo que o valor na tabela de preços tenha sido reduzido em 50%.

Em termos econômicos, isso não é uma contração, mas uma expansão. É assim que deve funcionar a economia em deflação. Se uma concessionária se propõe a vender o mesmo número de veículos que estava vendendo antes, sofrerá uma queda de 50% no faturamento, uma vez que o preço caiu de 20 mil para 10 mil dólares. Por outro lado, se a empresa pensar que a classe econômica que antes não comprava vai passar a comprar, será possível aumentar o faturamento. Ou seja, se a empresa ficar parada, sofrerá com as vendas, mas poderá crescer se trabalhar duro para tirar proveito da mudança nas circunstâncias.

Ademais, muitos serviços visavam exclusivamente a classe alta. Eram serviços inacessíveis àqueles indivíduos com uma renda anual inferior a 80 mil, 100 mil ou 200 mil dólares. Com a deflação, porém, esses serviços têm se tornado mais baratos, permitindo que pessoas de camadas sociais mais baixas tirem vantagem deles.

Academias de ginástica de luxo e outros estabelecimentos desse tipo que sofrem um declínio de clientes naturalmente terão de reduzir os preços. Os títulos de sócio de clubes de golfe japoneses, que costumavam ser exorbitantes, serão acessíveis inclusive para assalariados.

Muitos lugares, que antes eram exclusivos para empresários e altos executivos de grandes empresas, passarão a ser acessíveis ao trabalhador médio. Isso significa uma ampliação da base. Se os clubes de tênis de alta classe reduzirem o valor de seus títulos de sócio, as pessoas comuns também poderão jogar tênis lá.

Além disso, como resultado da deflação, os hotéis não vão poder se voltar somente para o mercado de luxo. Agora, eles terão de oferecer tarifas de hospedagem mais baratas, buffet de almoço e outros serviços para atrair clientes. Isso vai permitir que indivíduos de baixa renda possam almoçar em hotéis caros, pelos quais anteriormente não podiam pagar.

Precisamos lembrar que é um erro acreditar que a deflação seja sinônimo de recessão, pois isso só ocorre se não fizermos nenhum esforço para melhorar a situação. O ser humano tende a achar que o melhor é subir aos poucos a partir do estado presente. Nas décadas do pós-guerra, as pessoas se acostumaram à ideia de que, se esse patamar for de 100, no próximo ano será de 102, 103 ou 105, e que os salários e as vendas aumentarão a cada ano.

De repente, com a deflação tudo cai em vez de subir, e isso é assustador. A sociedade japonesa diz que a deflação é ruim, mas é errado pensar desse modo.

A tendência deflacionária não vai parar

Algumas pessoas dizem: "Como a deflação é um problema, precisamos criar contramedidas", ou "Não teria como fazer a inflação voltar?". Pressionado por políticos e executivos financeiros, o governo está buscando maneiras de combater a situação.

No entanto, essa já é uma tendência que não pode ser detida. E por que não? Vou lhe dizer exatamente o porquê. A rede de varejo Uniqlo[28] representa simbolicamente os fatores que contribuem para a deflação. Seus produtos agora são populares, embora não pareçam ser

---

28 Fundada no Japão por Tadashi Yanai, a Uniqlo é uma empresa multinacional que cria, desenvolve e confecciona roupas casuais. Atua em mais de dezoito países e é a terceira maior rede de *fast-fashion* do mundo. (N. do E.)

de alta qualidade. A rede vende roupas casuais como camisetas com desenhos simples e lisos.

E as peças são muito baratas, porque são fabricadas na China. A costura é feita sob condições rigorosas para corresponderem à qualidade dos produtos fabricados no Japão. Mesmo assim, como a mão de obra chinesa é muito barata, os preços de custo são significativamente menores.

O rápido crescimento da Uniqlo contribuiu para o desaparecimento de outros varejistas, como a Daiei. Os produtos são tão baratos que diversas lojas de desconto foram derrotadas. A Uniqlo vende muitos de seus produtos por cerca de 1.000 ienes (10 dólares). Normalmente, os varejistas não conseguem obter lucro vendendo roupas tão baratas, mas a rede se espalhou depressa pelo Japão.

A Uniqlo é apenas um exemplo simbólico. O que realmente quero dizer é que uma das razões para a deflação é a produção chinesa – produzir na China itens com a mesma qualidade dos produtos japoneses. As áreas metropolitanas da China estão passando por um grande desenvolvimento, mas, mesmo assim, os funcionários de escritório dessas áreas ainda ganham apenas 200 ou 300 dólares por mês. Os trabalhadores de fábrica do local ganham apenas 100 dólares por mês.

Competir contra isso é bastante difícil. Esses custos de mão de obra equivalem, aproximadamente, ao que os japoneses recebiam nas décadas de 1940 e 1950. Com esses baixos custos de mão de obra, se você conseguisse fabricar produtos com a mesma qualidade dos japoneses, poderia vendê-los a um preço muito baixo.

Os salários nas áreas metropolitanas podem ser baixos, mas são ainda mais baixos nas áreas rurais. Inúmeros agricultores vivem com apenas centenas de dólares por ano. Esse nível de renda seria muito próximo ao da subsistência.

Cerca de 700 milhões de pessoas vivem com essa renda nas áreas rurais da China, enquanto aproximadamente 600 milhões vivem nas áreas metropolitanas (estatísticas de acordo com o Relatório do Bureau Nacional de Estatísticas da China de 2008).

Embora o padrão de vida nas áreas metropolitanas mais avançadas da China esteja hoje perto dos padrões japoneses, o país está, em média, décadas atrás do Japão. No campo, muita gente tem o mesmo padrão de vida e salários que tínhamos no Japão antes da Segunda Guerra Mundial. Dar a essas pessoas a tecnologia necessária, permitindo que produzam mercadorias no mesmo nível das fabricadas no Japão, resultará naturalmente em preços mais baixos quando as mercadorias forem vendidas no Japão. É por isso que muitos fabricantes japoneses começaram a transferir a produção para a China.

O mesmo está ocorrendo na Índia. O país tem uma população de 1,2 bilhão de pessoas, enquanto a China chegou a 1,3 bilhão de habitantes. Hoje, a Índia e a

China continuam a se fortalecer industrialmente à medida que os mercados estão se liberalizando.

As empresas japonesas simplesmente não conseguem competir com os países que estão produzindo os mesmos bens e pagando salários equivalentes aos que o povo japonês recebia no final das décadas de 1940, 1950 e 1960. As empresas japonesas que fabricam o mesmo nível de produtos que seus concorrentes na China ou na Índia inevitavelmente vão falir. É por isso que alguns setores da economia parecem estar em recessão no momento.

O que aconteceria se a China e a Índia, com uma população total de mais de 2 bilhões juntas, experimentassem um forte *boom* econômico como o do Japão de trinta ou quarenta anos atrás? Uma vez que o mundo está interligado pelo comércio internacional, com certeza haveria uma queda no preço dos produtos.

Os produtos agrícolas do Japão também são caros. Os japoneses dizem ter medo de agrotóxicos usados em produtos agrícolas estrangeiros e que existem pesticidas no espinafre vindo da China. Como o povo japonês tem medo de agrotóxicos, os países estrangeiros também deixarão de usá-los.

A Tailândia, por exemplo, passou a criar produtos alinhados às preferências japonesas. Dessa forma, as coisas aos poucos serão produzidas localmente. Os salários são baixos nesses países; eles estão subindo paulatinamente, mas ainda há décadas de diferença entre esses países e o Japão. Por isso, os produtos desses locais tendem a ser mais baratos, a menos que lhes sejam aplicados impostos de importação elevados. Os produtos japoneses não serão capazes de competir com eles. Não há nenhum mistério nisso.

Há mais de vinte anos, quando eu morava nos EUA, quase nenhuma roupa ou brinquedo tinha uma etiqueta de "Made in USA". A etiqueta de "Made in Japan" também estava começando a desaparecer naquele período. Muitos produtos tinham "Made in Taiwan" ou o rótulo de algum outro país do sudeste asiático.

Era muito estranho que os EUA se tornassem uma nação que vendia principalmente produtos estrangeiros. Naquela época, os produtos vendidos no Japão ainda eram fabricados no próprio país, inclusive roupas e quase todos os outros tipos de produtos. Nos EUA, porém, a maioria dos produtos não era mais fabricada ali, e sim na Ásia e em outras regiões.

O Japão também está se tornando cada vez mais parecido com os Estados Unidos. Entramos numa era em que passamos a comprar grandes quantidades de itens de países que fabricam produtos baratos, pois, além de ser uma nação desenvolvida, o Japão tem poder aquisitivo.

Já não é mais possível proteger os produtos japoneses aumentando deliberadamente os preços baixos dos produtos importados. Não há como forçar o povo japonês a comprar os produtos nacionais a um alto preço no mercado interno; além disso, chegou a era de comprarmos em grande quantidade os produtos mais baratos do exterior. O mesmo fenômeno que ocorreu nos EUA agora pode ser visto no Japão.

Então, os preços vão cair com certeza. Não há como deter a tendência deflacionária. No entanto, é um erro pensar que a deflação venha a causar uma recessão econômica. Como mencionei no início, a deflação faz com que a camada básica da economia, ou a camada do nível básico, caia. Assim, as pessoas de baixa renda passam a ter acesso ao estilo de vida das classes média e alta. A deflação amplia as possibilidades para essa classe.

Como resultado, embora não possamos deter a tendência deflacionária no Japão, é um erro pensar que a deflação equivale a uma recessão econômica.

Uma mudança de mentalidade pode levar a infinitas possibilidades

Com a deflação no Japão, o preço da terra e os custos de construção diminuirão bastante. Além disso, os juros dos empréstimos bancários também cairão, embora hoje os bancos raramente ofereçam empréstimos. Se o preço da terra cair, os custos de construção diminuírem e os juros dos empréstimos bancários baixarem, não será surpresa se a economia começar a crescer. Não é nada estranho que a economia melhore e muitos edifícios sejam construídos.

No entanto, a economia não está acelerando porque as pessoas continuam repetindo que estamos caminhando para a recessão; com esse pensamento o crescimento econômico nunca virá. É preciso pensar em como será a nova era com base na tendência macroeconômica ou na tendência geral da sociedade.

Com base nessa perspectiva mais ampla, virá a era em que aquelas pessoas que nunca pensaram em construir devido ao alto custo passarão a considerar a construção de uma casa. As pessoas vão pensar em reconstruir sua casa quando ela ficar velha. Aqueles que não conseguiam comprar terrenos, que moram em apartamentos, poderão ter as próprias casas. A era da deflação será assim.

Portanto, deflação não significa que não existem oportunidades. Há muitas oportunidades de negócios. Pela perspectiva da gestão, muitos pontos positivos podem ser encontrados numa ampla variedade de áreas. Falando francamente, a tragédia está no cérebro dos gestores. Isso, sim, é trágico, e nada podemos fazer.

Se você desejar manter o *status quo*, o empobrecimento poderá lhe parecer inevitável. Porém, mude sua mentalidade e muitos caminhos se abrirão.

2

Como obter prosperidade durante a deflação

Trabalhando duro e diligentemente

O que deve ser feito em um período de deflação? Para falar de uma fase de deflação de forma mais intuitiva, eu diria que seria uma viagem de volta ao passado, como se você regredisse no tempo por vinte ou trinta anos. O estilo de vida seria como o daquela época, e, portanto, é importante captar bem essa sensação.

Depois de resgatar aquela sensação, o que fazer? Primeiro, você deve se conscientizar do seguinte: "Não será mais possível ganhar dinheiro fácil; vender caro e ter um alto faturamento sem esforço". Isso é uma certeza.

Em outras palavras, "voltar aos velhos tempos" significa trabalhar mais e com mais diligência. Esses tempos estão por vir. Acabou-se a época em que bastava manipular os números para ganhar muito dinheiro. Não será mais possível manter um negócio somente na base de intermediação, agenciamento ou comissionamento por indicação. Esse tipo de negócios será eliminado por seleção natural. Em vez disso, a tendência será trabalhar duro e de modo diligente. Sem isso, não haverá prosperidade numa economia deflacionária.

Alguns anos atrás, foi lançada no Japão a versão em DVD do desenho animado *Kyojin no Hoshi*[29] ("Estrela dos Gigantes", em tradução literal). Essa animação era muito popular na minha infância. De tão popular, dizia-se que as casas de banho[30] ficavam vazias no horário de sua exibição na tevê. Agora, esse desenho tão antigo está sendo ressuscitado e relançado no mercado. A tendência atual é voltar aos velhos tempos.

Vivemos numa época em que forte personalidade, tenacidade, entusiasmo e dedicação são qualidades humanas capazes de desbravar o caminho. Eis a técnica de luta justa e franca da era deflacionária. Temos de retomar as estratégias de guerra utilizadas no passado.

Ganhar dinheiro fácil não será possível. Os negócios ou empresas que vivem de intermediação, de aparência ou de emprestar seu nome irão desaparecer.

Será preciso ter conteúdo. Por outro lado, os negócios que têm conteúdo, que são baseados em algo concreto, em necessidades reais e no trabalho dedicado

---

29 Um mangá (história em quadrinhos) de beisebol japonês que virou seriado em 1966. Um desenho animado para tevê também foi ao ar a partir de 1968. O protagonista alcança o sucesso por meio de pura determinação e esforço. Muitos mangás esportivos seguiram esse estilo. (N. do E.)
30 Antigamente, no Japão, nem todas as casas possuíam banheira ou chuveiro. Os pais levavam os filhos para tomar banho em "casas de banho". (N. do T.)

serão bem-sucedidos e não deixarão de existir. Mas irão fracassar os negócios especulativos como os que existiam no passado, com os quais se ganhava dinheiro facilmente; por exemplo, esperando o aumento de preço de um apartamento e revendendo o imóvel depois. Ganhar dinheiro apenas com ações na bolsa será um pouco difícil. Esse tipo de negócios vai se tornar cada vez mais difícil.

Empresas com conteúdo terão muitas possibilidades ainda. Porém, será preciso se esforçar para trabalhar com elas diligentemente. As montadoras, por exemplo, que até então fabricavam automóveis por 20 mil dólares, terão de fazê-lo por 15 mil dólares. E, se seus concorrentes baixarem o custo de produção para menos de 15 mil dólares, terá que reduzir ainda mais esse valor e chegar a 10 mil dólares. Esse é o tipo de esforço que você deverá fazer.

E como conseguir essa redução de custos? O único caminho a seguir para quem não tem sabedoria é apenas trabalhar mais. Isso pode ser uma inversão da tendência atual, mas vamos ter de suar a camisa e trabalhar um pouco mais.

Se antes uma montadora operava tranquilamente com duas folgas semanais, quando a empresa estiver à beira da falência não poderá continuar assim, e terá de trabalhar também aos sábados. Estamos em uma época em que precisamos fazer horas extras mesmo sem remuneração. Caso contrário, o preço dos carros não cairá e não será possível vencer os concorrentes chineses ou indianos.

Portanto, devemos "voltar aos velhos tempos". Se você é uma pessoa sem muita sabedoria, deve alterar seu regime de trabalho de oito para dez horas ou de dez para doze horas diárias, a fim de abrir o caminho para o futuro. As empresas com uma jornada de trabalho tranquila de oito horas por dia vão falir, e as que aumentarem essa carga para dez horas, trabalhando duas horas a mais por dia, não vão falir e, além disso, vão aumentar sua participação no mercado que antes era das que faliram.

Assim, teremos de voltar aos velhos tempos e desistir de um estilo de vida mais folgado. Sem isso, infelizmente, não haverá futuro. Esse é o tipo de estratégia sem o uso da sabedoria.

Corte o desperdício e reduza o custo total

Então, quais seriam suas opções se você usasse um pouco mais de sabedoria? Primeiro, você deve praticar exaustivamente a redução de custos.

Até agora, numa economia em crescimento, os fabricantes de peças e tudo o mais conseguiam aumentar o faturamento com facilidade. Hoje, porém, é necessário fazer uma revisão de custos. Além das peças, vários outros componentes de custo devem sofrer uma intervenção. Essa redução deve ser feita de forma exaustiva para que a empresa não quebre.

Até a gigantesca Panasonic passou por uma grande reforma. Anteriormente, a empresa usava um sistema de unidades de negócios, no qual todas essas unidades operavam de modo independente, como se cada uma fosse uma empresa. Esse modelo é bom para a fase de crescimento, mas também gera muito desperdício. Ao fazer parte do mesmo grupo, as unidades de negócios deveriam compartilhar peças e outros recursos entre si; no entanto, como unidades autônomas isso não foi possível, levando a grandes desperdícios.

Assim, a Panasonic fez uma reestruturação removendo as paredes entre as unidades. Embora há tempos todos já soubessem do desperdício, nada foi feito porque a economia ia bem e os resultados empresariais eram bons. No entanto, eles começaram a perceber que algo deveria ser feito.

Normalmente, os materiais comprados podem ser compartilhados entre as seções dentro da mesma empresa; mas, por haver a divisão em unidades de negócios distintas, isso não era permitido.

Além disso, também havia ineficiências organizacionais no regime de unidades de negócios, pois cada unidade podia criar livremente os postos de trabalho, embora desnecessários. Devido à redundância de cargos em cada unidade, certamente havia cargos desnecessários. Por esses motivos, a Panasonic desmontou o sistema de unidades de negócios que havia funcionado bem durante a fase de desenvolvimento.

Para reduzir custos é preciso cortar funcionários supérfluos e também diminuir os gastos com materiais e matérias-primas desnecessários. Ademais, é preciso cortar o desperdício em canais de vendas, sobretudo aqueles operados separadamente por unidade de negócio.

A Panasonic hoje implementou a "gestão no modo confederativo" e administra muitas subsidiárias. No entanto, algumas das subsidiárias não seguiram as diretrizes da matriz, mantendo as próprias opiniões, e não cooperaram muito bem entre si. Então, houve a necessidade de alinhar os pensamentos. Era preciso melhorar a comunicação onde havia choque de opiniões e exacerbação do ego.

Dessa forma, é preciso eliminar os desperdícios organizacionais, de pessoal, de materiais e matérias-primas, de vendas; enfim, os desperdícios de energia. Claro, há ainda desperdício em termos de produtos.

O que acontecerá se o desperdício for reduzido? Naturalmente, os custos cairão. Isso é óbvio. Como resultado, você poderá tornar seus produtos mais baratos, permitindo que derrote seus concorrentes. Devemos pensar em como reduzir o custo geral da empresa.

O método mais primitivo para enfrentar um período de deflação é, como mencionei antes, estender as horas de trabalho. Se você pretende fazer algo sem planejamento prévio, comece com isso.

Entretanto, se quiser usar mais sabedoria, o próximo passo será reduzir os custos a partir de uma racionalização estrutural de custos, pois é preciso eliminar os desperdícios criados na fase de desenvolvimento.

Todas as empresas têm desperdícios. Talvez seja melhor referir-se a isso como ter defeitos ou deficiências em vez de desperdícios, pois não há empresas que não os tenham. Durante as fases boas, todos podem ignorar esses defeitos ou deficiências, mas não quando a empresa está perdendo para seus concorrentes. Portanto, é extremamente importante encontrar suas falhas e corrigi-las.

As instituições japonesas que trabalhavam com a certeza de que jamais iriam falir, graças à proteção do governo, estão agora em risco. É arriscado você acreditar que nunca vai falir. Por outro lado, se você achar que está em perigo, poderá pensar em inúmeras ações a serem realizadas.

Dentre tantos problemas ignorados por ser uma empresa superavitária e em crescimento, procure imaginar o que você faria se estivesse prestes a falir. Com certeza iria encontrar áreas desnecessárias que poderia cortar. E é isso o que deve ser feito.

Mesmo que hoje a empresa esteja dando lucro, pode se tornar deficitária amanhã. Portanto, é preciso parar para pensar: "Se o superávit se transformar em déficit, o que devemos parar de fazer? Hoje, a empresa desfruta de um superávit de 1 milhão de dólares, mas em três anos poderá atingir um ponto de equilíbrio e, a partir daí, passar a dar prejuízo. Se isso ocorrer, o que devemos parar de fazer?". É nisso que você deve pensar desde já. Uma forma de responder a isso é eliminar os desperdícios antes de a empresa ser deficitária, evitando os prejuízos. Você precisa cortar pela raiz os desperdícios presentes nas atividades tradicionais e estruturais da empresa.

Crie unidades de alto valor agregado

Depois de economizar algum dinheiro, você deve investi-lo em unidades de negócios com alta probabilidade de crescimento no futuro. O valor do investimento também é um fator importante de competição entre as empresas. Afinal, a empresa que investir mais rápido em negócios do futuro ou de alto potencial é aquela que vencerá daqui a cinco ou dez anos.

Se você deixar de investir porque sua empresa está no vermelho, acabará falindo. Você com certeza perderá, pois os concorrentes continuarão desenvolvendo produtos cada vez melhores. Você precisa interromper o fluxo de recursos financeiros desperdiçados, gerar superávits, acumular capital, investir em negócios que tenham futuro e vencer na competição de mercado.

Como primeiro estágio de sabedoria, é preciso implementar a redução de custos estruturais da empresa. Entretanto, como mencionei antes, com a concorrência de produtos vindos da China, da Índia e de outros países que têm baixos custos de mão de obra, a consequente queda nos preços é inevitável. Portanto, como segundo estágio de sabedoria, é preciso desenvolver unidades de alto valor agregado. Esse será o próximo plano de sobrevivência.

Não se pode continuar produzindo coisas que também podem ser fabricadas em outros lugares. Você não deve esperar que essa mercadoria continue existindo em sua linha de produção daqui a dez anos. As empresas japonesas não conseguirão sobreviver no momento em que os países em desenvolvimento se tornarem capazes de fabricar produtos feitos hoje no Japão.

Então, como sobreviver? A única opção é focar em produtos de alto valor agregado num estágio ainda mais avançado. Itens que requerem muitas pesquisas para serem desenvolvidos, tecnologias mais avançadas e mais sabedorias acumuladas – esses são recursos que as nações em desenvolvimento levarão mais tempo para conquistar. Quem não avançar para esse rumo não terá outro fim a não ser sentar e esperar pela morte.

Portanto, é essencial aprimorar a tecnologia, elevar a qualidade do conteúdo e criar produtos de maior valor agregado que não dê chance à concorrência. Para isso, é preciso investir em educação e ter tempo para realizar pesquisas.

Três procedimentos que devem ser realizados

Como comentei antes, a primeira coisa que precisa ser feita em um período de deflação é aumentar suas horas de trabalho duro. Entretanto, há casos em que um vendedor volta ao escritório depois de tomar café em uma cafeteria e elabora um relatório falso dizendo: "Visitei a Empresa X". Então, somente aumentar o número de horas de trabalho não resolve. O conteúdo também é importante.

Por mais que conste uma visita à Empresa X na programação de um vendedor, se na prática a visita não foi realizada por causa da chuva ou porque ele foi ao cinema, seria um desperdício de oito horas. É preciso verificar o conteúdo dessa jornada de trabalho de oito horas.

Muita gente vai ao cinema ou a uma cafeteria e se pergunta: "Como matar o tempo até as cinco horas da tarde?" Tentar fazer com que pessoas assim trabalhem corretamente durante o expediente também é uma tarefa importante.

Do mesmo modo existem muitos operários preguiçosos nas fábricas. Algumas empresas costumam parar as operações sempre que surge algum problema. Essa abordagem pode dar um bom resultado operacional, mas se for praticada por uma empresa incompetente, ela só vai acabar com os trabalhadores dizendo: "Houve um problema em alguma seção" como se não fosse da conta deles. Isso ocorre com muita frequência. Grandes montadoras como a Toyota realizam um bom controle de qualidade; quando surge um problema na fábrica, a linha de produção é paralisada com o objetivo de verificar o problema a fim de não entregar um produto defeituoso para o cliente.

O que aconteceria se uma empresa de terceira categoria tentasse copiar esse procedimento? Todos parariam suas atividades para fazer várias reuniões sobre o defeito que surgiu. Mas, dessa maneira, não se pode fazer produtos com eficiência. Portanto, nem sempre o que funciona para as outras empresas pode ser aplicado à sua.

Eu já mencionei o aumento da jornada de trabalho. Uma solução melhor que essa seria fazer uma revisão das tarefas no expediente de trabalho. É preciso fazer uma exaustiva inspeção no desperdício de tempo e de conteúdo de trabalho em si.

O segundo ponto é revisar os custos de maneira geral. Você precisa se empenhar em reduzir os custos.

O terceiro ponto é não ter uma atitude passiva quando se trata dos departamentos de alto valor agregado, como é o caso de P&D. Em essência, a empresa não sobreviverá se não criar um produto inigualável.

Por menor que seja uma unidade de negócios, você deve tentar fazer com que se torne a melhor do país, tanto no presente como no futuro. Caso contrário, a empresa poderá desaparecer em cinco ou dez anos.

Há uma grande probabilidade de que empresa deixe de existir em cinco a dez anos se ela continuar produzindo itens substituíveis ou que possam ser feitos por outras empresas.

3

Hora de refinar sua sabedoria

Os problemas operacionais nos bancos e nas repartições públicas do Japão

No comércio, a falência de uma empresa não representa um problema para os compradores, porque outra empresa pode facilmente compensar essa ausência. Contudo, do ponto de vista do vendedor, a situação é trágica. E ainda, se uma *trading company*[31] falir, basta as concorrentes aumentarem seu volume de transações.

---

31 *Trading companies* são empresas comerciais que atuam como intermediárias entre empresas fabricantes e empresas compradoras, em operações de exportação ou de importação. (N. do E.)

O mesmo vale para os fabricantes. Se uma montadora de veículos for à falência, tudo ficará bem porque muitas outras montadoras trabalharão mais.

Isso também se aplica aos bancos. Há muito tempo, a falência de qualquer banco não gera transtorno aos clientes. Quase dez anos atrás, eu dizia: "No Japão, existem mais de vinte vezes o número necessário de bancos. Se não houver um certo nível de seleção natural, não haverá como prestar um serviço realmente bom para o povo". E, de fato, as coisas ocorreram como eu previa^{32}. Os bancos japoneses foram gradualmente pressionados a fazê-lo; agora, os bancos metropolitanos foram reestruturados em três megabancos.

Isso é algo que já vínhamos sentindo havia muito tempo. Não há muito valor agregado nos serviços prestados pelos bancos japoneses. Isso porque, no Japão, havia dois tipos de repartições públicas: o primeiro tipo era a repartição pública governamental. O segundo, os bancos. Para ser franco, os bancos também eram uma repartição pública.

Todos os bancos eram orientados ao Estado e completamente controlados pelo governo e só podiam oferecer os serviços regulamentados pelas normas. Isso era um resquício do sistema de cotas, um regime muito semelhante ao do período da Segunda Guerra Mundial, de 1935 a

---

32 Ver o Capítulo 4, "Pensamento bem-sucedido", do livro *Hanei-no-Ho* ("As Leis da Prosperidade". Tóquio: IRH Press Co., Ltd., 1999). (N. do E.)

1945. Não havia liberdade de atuação para os bancos. Eles tinham de seguir as normas governamentais. Além disso, os pedidos apresentados por empresas aos bancos passavam por um sistema de aprovação por meio da circulação de memorandos internos. Não é nada diferente de uma repartição pública.

Certa época, tive muitos contatos com um grande banco que passou por um período de grave crise financeira. Lá era realmente como uma repartição pública. As minhas solicitações eram respondidas depois de cerca de um ano. Por exemplo, um pedido que encaminhei a uma agência no verão de um ano foi respondido no verão do ano seguinte com a seguinte mensagem: "Acabamos de encaminhar a vossa solicitação à matriz".

Em resumo, eles só estavam ganhando tempo. Em geral, essa atitude é tomada quando a solicitação é desfavorável ao banco. Assim, eles procuravam ganhar tempo sem trabalhar. As propostas de uma empresa são obviamente ideias que a favorecem, e, consequentemente, são desfavoráveis ao banco. Por isso, o banco raciocina: "Quanto mais retardarmos o processamento do pedido do cliente, melhor. Se conseguirmos retardar até abortar o pedido, melhor".

O mesmo se aplica às repartições públicas japonesas. Seu procedimento padrão é: "Não faça nada, a menos que o cliente insista reiteradas vezes". As repartições públicas nos últimos tempos têm aumentado um pouco a velocidade de trabalho, mas, basicamente, quanto mais demorado, mais vantajoso é para as repartições. E os bancos são iguais. O cliente pessoa física pode ser diferente, mas o gerente financeiro corporativo geralmente pede aos bancos para diminuir a taxa de juros dos financiamentos ou reduzir ainda mais o valor do depósito.

Embora a reciprocidade bancária seja proibida, na prática os bancos japoneses obrigaram as empresas a fazê-la. Os bancos diziam: "Vamos liberar o empréstimo de 10 milhões de dólares, mas é preciso manter 3 milhões na conta como um depósito a prazo fixo. Isso é o mesmo que emprestar 7 milhões de dólares. Os bancos emprestam às empresas 10 milhões, mas exigem que elas deixem 3 milhões na conta como depósito.

Diante desse tipo de banco, as empresas tentam negociar a redução do depósito, mas é sempre infrutífero. É uma total perda de tempo, pois eles simplesmente ficam sentados e nada fazem.

O normal é emprestar 10 milhões e permitir o uso de 10 milhões. Mas o banco exige manter 3 milhões como depósito. E, se o cliente for fraco, o banco pode exigir deixar todo os 10 milhões como depósito. Quando a economia estava boa, os bancos diziam: "Deixe 10 milhões parados por um mês e depois vamos liberar 7 milhões". É por isso que agora os bancos estão sob ataque. Por oferecerem um serviço de baixo valor agregado, como as repartições públicas, agora estão sendo condenados.

A questão é que eles estão sob ataque porque desaceleraram o ritmo dos negócios. As repartições públicas, assim como os bancos, também estão passando por reestruturações. Estão sendo atacadas porque retardaram o progresso da sociedade capitalista e da economia de mercado. "Nem se pode chamar isso de trabalho!". Assim eles são criticados.

Além disso, os bancos não fazem empréstimos para novos empreendedores porque não podem confiar nessas pessoas. Os bancos não fazem o mínimo esforço. Só emprestam para empresas com décadas de tradição, mas não estão dispostos a emprestar dinheiro para os que querem iniciar um novo negócio porque têm medo de assumir a responsabilidade. Eles temem que a nova empresa possa fracassar. Essas deficiências dos bancos estão sendo condenadas pela sociedade e são também a causa da crise de todo o setor bancário.

Pratique uma profunda reflexão e se esforce muito mais

Empreendimentos semelhantes devem passar por tempos difíceis. Sem sofrimento, não serão capazes de produzir algo de bom. Eles devem experimentar grandes dificuldades, pois isso vai fazer bem para a sociedade, para o povo e para eles próprios.

Eles não perceberam que eram desnecessários para a sociedade. Não entenderam que não têm feito um bom trabalho. E agora estão sob ataque porque receberam altos salários pelos maus trabalhos realizados. Isso requer uma profunda reflexão. É preciso praticar uma profunda reflexão e se esforçar muito mais.

Os bancos podem trabalhar cerca de dez vezes mais do que agora. Já deveriam ter produzido um serviço com valor agregado dez vezes maior. Deveriam ter conseguido fazê-lo se tivessem a coragem de correr riscos, de pensar e agir em prol dos clientes, de aumentar sua velocidade de trabalho. A sociedade japonesa está cobrando uma reflexão sobre isso.

A mesma história vale para as grandes construtoras. Antes, elas trabalhavam somente com preços altos graças ao mercado oligopolista. E agora estão passando pela recessão estrutural. Como elas conseguiram funcionar como um oligopólio e até monopolizar o mercado, aumentaram demasiadamente seus preços e agora estão sofrendo ataques da sociedade japonesa. O mercado não admite um custo ou qualidade de serviço que não esteja de acordo com as necessidades dos clientes.

Essa tendência é positiva, e não se trata simplesmente de uma questão de falência ou de recessão. O mercado está reagindo e dizendo: "Faça mais esforço. Use mais sabedoria. Refine sua sabedoria. Não vamos perdoar pelos altos ganhos e pela falta de criatividade por décadas".

Agora, eles devem passar por dificuldades, empregar sabedoria, fazer reformas e transformações para realizar trabalhos muito mais úteis ao povo e ao mundo.

As lojas de desconto e o comércio em geral, que vivem apenas de vendas, serão facilmente substituídos por diversas alternativas, se não fizerem nada além de vender. Não será fácil sobreviver nesse meio.

Então, você deve se perguntar: "Como faço para sobreviver?". O mercado não é fácil. Se você for à falência, logo será substituído por seus concorrentes. Se o seu diferencial é apenas preços baixos, com certeza surgirá um concorrente com preços ainda mais baixos.

Portanto, a única saída é nunca parar de estudar. Você deve avaliar: "Do que as pessoas estão precisando? Quais são as necessidades do povo? O que as pessoas querem ou vão querer no futuro?".

Não haverá caminho sem um exaustivo esforço para melhorar a linha de produtos, os serviços oferecidos e assim por diante. Em suma, você deve pensar que, embora agora seja um momento difícil, também é hora de refinar sua sabedoria.

4

Os Quatro Corretos Caminhos na gestão

O conceito do "cliente em primeiro lugar" e outros conhecimentos e sabedorias

A Happy Science prega os Quatro Corretos Caminhos, que são: o amor, o conhecimento, a reflexão e o desenvolvimento. Esses conceitos religiosos, quando vistos por uma outra perspectiva, são totalmente aplicáveis aos gestores.

Vamos começar pelo ensinamento do amor. No caso, o amor estaria representado pelos conceitos do "cliente em primeiro lugar", "tudo para o cliente" e "bom serviço em primeiro lugar". O amor é fazer o seu trabalho pensando em beneficiar o cliente.

E quanto ao conhecimento? No caso de uma indústria, por exemplo, seria criar e desenvolver produtos de alta qualidade, empregar alta tecnologia e adquirir novos conhecimentos.

Além do conhecimento, existe ainda a sabedoria que vem dele. Seriam os novos conhecimentos especializados e de alto nível, e também a sabedoria repleta de *know-how* sobre a forma de produzir e como gerenciar um negócio. Eis os conhecimentos necessários.

Não há desenvolvimento sem refletir sobre os erros e as deficiências

O que é reflexão? Muitos erros e fracassos ocorrem na gestão; por isso, você deve refletir sobre eles, um a um. Tanto os gestores como os não gestores são iguais no seguinte aspecto: "Os incompetentes sempre culpam os outros". Para eles, a culpa é sempre do governo, do setor em que atuam, do país estrangeiro, do novo concorrente e assim por diante.

É assim que as empresas quebram. Isso se aplica tanto para indivíduos como para empresas. Esse tipo de pessoa ou empresa sempre culpa os outros ou o ambiente em que operam. Se ocorrer deflação, a culpa é da deflação; se ocorrer inflação, a culpa é da inflação; se nem inflação nem deflação ocorrerem e a situação estiver estável, esta é a culpada. Nunca a culpa é deles.

Entretanto, seja qual for a circunstância, alguns prosperam, enquanto outros declinam, e deve haver alguma razão para isso. Portanto, não há chance de desenvolvimento para empresas que não praticam a autorreflexão.

Como mencionei antes, toda empresa tem a própria fraqueza. Não existe uma empresa que não tenha pontos fracos. Se ela ainda está sobrevivendo, é porque tem pontos fortes que compensam seus pontos fracos. Ela tem pontos fortes que equilibram suas fraquezas ou que são maiores do que suas fraquezas, e é por isso que está viva.

No entanto, se a empresa quer passar para um nível mais avançado, deve refletir sobre seus pontos fracos. Os executivos devem se perguntar: "Quais são os pontos fracos da minha empresa?". Em seguida, os funcionários devem examinar cuidadosamente e descobrir quais são esses pontos fracos. Por fim, todos devem ver como os clientes avaliam sua empresa.

Quando os produtos da sua empresa não estão vendendo bem, você pode pensar que é devido à deflação, que causa uma queda no nível de renda dos clientes. No entanto, isso não significa que os concorrentes em todo o país estejam experimentando da mesma forma uma queda no faturamento.

As pessoas continuam suprindo suas necessidades básicas, mesmo com uma queda em sua renda. Elas não podem deixar de fazer compras. É necessário ter uma casa, assim como comida e roupas. As pessoas continuarão a comprar o que necessitam.

Porém, quando a renda cai, as pessoas ficam mais seletivas e deixam de adquirir coisas de má qualidade ou inúteis. Vão a lugares que vendem bons produtos e compram os que oferecem mais vantagens. Simples assim. Se você vai culpar os outros, faça isso quando todos os seus concorrentes estiverem falidos.

Quando uma loja vai à falência, não se pode culpar simplesmente a recessão. Há lojas em crescimento também. Digamos que um supermercado faliu. Você pode dizer que isso se deve à recessão, mas não é assim; ele faliu porque outros supermercados estão fazendo progressos constantes.

É difícil aceitar isso. Até então, você amava sua empresa, era presunçoso e tinha orgulho dela. Você, como gestor, se sentia bem. Então, é doloroso admitir que sua empresa é ruim, falhou ou tem pontos fracos. Contudo, não há como sobreviver sem fazer essa reflexão, pois isso significa sentar e esperar a morte.

Portanto, o ensinamento da autorreflexão é extremamente importante, sobretudo na gestão de uma empresa.

Ouça as opiniões alheias e observe bem a concorrência

A autorreflexão é algo que você, só você pode fazer. Outras empresas não serão gentis a ponto de lhe dar opiniões objetivas. Você acha que uma empresa concorrente revelaria quais são os problemas ou defeitos da sua empresa? Com certeza não, pois se fizer isso, sua empresa conseguirá se recuperar. Em vez disso, ela está esperando com alegria pela morte silenciosa dos concorrentes. Está observando e pensando em silêncio: "Essa empresa vai desaparecer em três anos. Quando isso acontecer, vamos levar seus clientes".

As empresas jamais dão dicas de melhorias umas às outras. Qualquer pessoa que o faça é o "bonzinho", e acabará sendo derrotado. Os bonzinhos perdem.

Vamos usar a Asahi Breweries Company[33] como exemplo. Embora estivesse ficando para trás em relação aos concorrentes, ela se recuperou após o lançamento da cerveja Asahi Super Dry e abalou a Kirin Brewery Company. Hoje, elas disputam a liderança do setor de cervejas.

Naquela época, o CEO da Asahi não vinha do ramo das cervejarias, mas do setor bancário. O vice-presidente de um banco foi nomeado CEO da Cervejaria Asahi. Por não entender nada de cerveja, ele foi visitar diversas cervejarias com humildade, pedindo conselhos. Ouviu atentamente os conselhos sobre a venda do produto e os defeitos de sua empresa.

Como resultado, ele descobriu uma falha importante na gestão da empresa: as cervejas que já haviam vencido não eram recolhidas. A partir da fabricação, a cerveja vai

---

[33] A Asahi Breweries Company é uma empresa japonesa de bebidas com sede em Tóquio. Hoje tornou-se uma *holding*, a Kirin Brewery Company; é considerada a sexta maior cervejaria do mundo e não se limita apenas ao setor cervejeiro. (N. do E.)

perdendo o sabor com o tempo, e quando envelhece fica com um gosto muito ruim. Então, o CEO tomou a decisão de recolher e descartar as cervejas velhas.

Além disso, ele perguntou aos consumidores: "De que tipo de cerveja você gosta?". Com base nessa pesquisa, fez várias amostras do produto e observou a reação do público. Dessa forma, a Asahi desenvolveu ideias originais e lançou a cerveja Super Dry. Desde então, as empresas que lhe deram conselhos acabaram sendo derrotadas. É isso o que ocorre. Sendo bonzinhos e pensando que aquele CEO era um amador, os concorrentes deram muitos conselhos, apontando seus defeitos. E, no final, essas empresas foram derrotadas. Agora elas é que precisam pedir conselhos: "Afinal, por que fomos derrotados?". Isso é algo com o qual você deve ter muito cuidado. Por isso, os concorrentes raramente lhe dão dicas que possam beneficiá-lo. Em geral, ficam calados esperando que você vá à falência.

Mesmo assim, há casos em que conseguimos obter dicas quando pedimos com humildade. Trata-se de um segredo do sucesso. Em geral, os gestores são orgulhosos e não ouvem as opiniões nem os conselhos dos outros. Porém, pode ser interessante ter a humildade de aprender com outros, conforme o exemplo citado.

Você pode continuar crescendo pedindo conselhos, mas apenas enquanto os concorrentes não perceberem que isso pode ser perigoso. Quando perceberem que você pode representar um risco para eles, ninguém mais vai lhe ensinar nada.

Até lá, você pode usar o argumento de que está passando por dificuldades e pedir dicas do tipo: "O que sua empresa faz para vender tanto?". Assim, você pode encontrar um "cara bonzinho" que queira lhe ensinar. Se o fizer, essa será sua chance. Você ficará muito grato se uma empresa lhe disser como obteve prosperidade, enquanto você não.

Os gestores que ainda sentem que a empresa não está indo bem provavelmente estão cientes dos limites de sua própria capacidade. Por isso, também devem ouvir as opiniões dos outros. Eles devem ouvir as opiniões dos clientes, é claro, mas precisam ouvir também as opiniões de seus concorrentes.

É provável que seus concorrentes não lhe contem por que são bem-sucedidos, mas há casos em que isso pode ocorrer. Além disso, mesmo que não ensinem, talvez você consiga captar alguma dica.

Quando bem-sucedidas, as pessoas costumam se gabar de seus segredos para o sucesso. Ao sentir que o outro é perdedor, elas têm o desejo de lhe dar conselhos, se sentem compelidas a lhe dar uma palavra quando veem que o outro é um derrotado. Esses momentos são boas oportunidades.

Assim, é preciso perguntar aos concorrentes e aos especialistas do seu ramo de atividades. Se você está enfrentando dificuldades em seu negócio, visite outros semelhantes e procure observar com atenção como eles estão sendo conduzidos. Sem esses esforços, não há como progredir.

5

Tempos difíceis são oportunidades para a autotransformação

Até agora, apresentei diversas dicas de gestão, mas gostaria de destacar que os períodos difíceis ou cenários adversos para todos constituem, na verdade, uma oportunidade para a autotransformação. Ninguém vai querer se transformar se todos estiverem lucrando e desfrutando de uma fase próspera. Os momentos difíceis são justamente oportunidades para fazer essa transformação.

Em épocas como essas, ninguém vai reclamar do que você faz. Mesmo se você fizer algo fora do comum, seus funcionários permanecerão em silêncio. Portanto, tempos difíceis são momentos de oportunidades e uma chance para reformas drásticas. Se o fizer, com certeza muitas portas se abrirão no futuro.

Introdução à Alta Administração

Seção de perguntas e respostas

1. Instigando as pessoas a mudar de mentalidade

Pergunta:
No atual ambiente econômico difícil, caracterizado por fenômenos como a deflação, muitas pessoas na sociedade japonesa – em particular aquelas com mais de 50 anos – não estão conseguindo mudar de mentalidade, por estarem apegadas à era de prosperidade do pós-guerra e às lembranças da bolha econômica, quando tudo avançava de vento em popa. Por favor, dê instruções sobre a maneira de orientar essas pessoas e também o tipo de atitude que os líderes devem ter em relação a elas.

O povo sempre demora mais para ter consciência

Ryuho Okawa:
Em qualquer época, são os sábios que percebem as coisas mais rapidamente, enquanto o povo em geral não é capaz de perceber.

Vamos usar o exemplo a seguir para ilustrar esse ponto. Quando quer cruzar uma ferrovia, o sábio percebe a vinda do trem antes de realmente aparecer, apenas por ouvir seu ruído típico. As pessoas comuns percebem que o trem está passando quando o veem diante de seus olhos. Há ainda aquelas que só tomam conhecimento do trem quando ele já se foi.

Fazendo uma analogia entre a passagem do trem e as diferentes maneiras como as pessoas veem as mudanças do mundo, a maioria delas só percebe quando o trem já se foi. Aqueles que percebem o trem quando ele está passando diante dos seus olhos ainda podem ser considerados mais competentes e acima da média. E os que percebem o trem antes da sua vinda, mesmo não sendo avistado, são considerados muito sábios. Desse modo, há uma defasagem de alguns anos na capacidade de percepção das pessoas.

Há uma razão pela qual muitas pessoas ainda não conseguiram ter uma consciência correta da era atual. A economia do Japão depois de 1990 foi chamada de "a década da recessão" ou "a década perdida"[34]. Infelizmente, muitas pessoas concluem de forma simplista que a culpa foi do governo ou do antigo Ministério da Fazenda (atual Ministério das Finanças). Aqui está o problema.

Embora seja verdade que o governo administrou mal a economia, muitas pessoas têm crenças errôneas como: "Depois de uma década de erros, esses erros não vão mais ocorrer. Com certeza, haverá correções na política eco-

---

[34] Na época da palestra. (N. do E.)

nômica. Vai surgir um político capaz de impulsionar a economia, duplicando a renda, como na época do milagre econômico. Quando menos percebermos, a inflação estará de volta". E assim por diante.

Como muitos gestores têm entre 60 e 70 anos, eles vivenciaram a era do milagre econômico japonês. Por isso, acreditaram a princípio que essa "década da recessão" terminaria em dois ou três anos ou que seria apenas um período de ajuste para que as coisas voltassem aos trilhos em breve. E estão surpresos que isso tenha continuado por mais de dez anos.

Eu lhes diria que, certamente, essa "década da recessão" foi causada por falhas na política econômica, mas também que a deflação é estrutural e permanente. As reações seriam diversas. Uns responderiam: "É verdade?". Outros: "Terei de esperar e ver para acreditar nisso". E assim só perceberão depois de verem os acontecimentos e perderem suas empresas.

A declaração: "A tendência deflacionária não vai mudar no futuro" surpreenderá cerca de 80% das pessoas, que só então perceberão o quão difícil é sua situação. Ainda assim, quase todos pensarão que a troca do primeiro-ministro ou a ajuda de países estrangeiros resolveria o problema.

Contudo, a atual política do Japão não tem forças para melhorar o clima econômico. Os EUA costumam iniciar uma guerra sempre que sua economia cai. Ao lançar uma batelada de mísseis e projéteis, haverá necessidade de sua reposição, aumentando enormemente a receita da indústria bélica. O governo dos EUA tem força suficiente para melhorar a economia.

Enquanto isso, os políticos japoneses atuais não têm inteligência para melhorar a economia gerando consumo interno. No geral, eles são passivos.

Primeiro, mude sua atitude

Em vista disso, é inevitável que a consciência das pessoas comuns sobre o que está acontecendo esteja alguns anos atrás. Portanto, os gestores e executivos de empresas que conseguirem captar as minhas ideias ainda precocemente devem se transformar mudando suas atitudes.

Se você for gestor de uma empresa com dez ou vinte funcionários, a própria empresa mudará imediatamente. Se você estiver trabalhando numa empresa de grande porte, a mudança não será tão fácil, mas será possível ao menos mudar seu departamento. As pessoas de outros departamentos começarão a fazer comentários como: "Aquele departamento se transformou muito". Além disso, se esse fenômeno não for passageiro e a transformação for contínua, outros departamentos também aprenderão com suas mudanças. Essa será a força motriz que salvará sua empresa.

Claro, a melhor coisa seria quando a alta gestão tomasse conhecimento dessas mudanças em sua seção, mas, como eu disse antes, muitos dos que ocupam essa posição viveram a época do milagre econômico japonês e não conseguem esquecer. Continuam com a esperança de que um dia as coisas vão melhorar e voltar a ser como eram antes. Assim, eles não servem para nada.

Os funcionários que ingressaram na empresa na época da recessão, quando assumirem a gestão terão a consciência da mudança, mas isso será num futuro distante. Talvez a empresa ainda esteja viva, mas pode ser tarde demais.

Então, é preciso começar por onde puder agora. Os gestores, diretores e gerentes que estudaram meus ensinamentos são os que devem colocar esses princípios em prática. Mesmo que você seja um supervisor ou simples funcionário, não é impossível pôr isso em prática. Após a mudança, se o resultado for bom os demais à sua volta irão notar. Você deve aplicar isso em diversos lugares.

A verdadeira prova desses princípios está no crescimento das empresas que praticam os ensinamentos da Happy Science, que estão engajadas nessa fé.

Dos Quatro Corretos Caminhos que citei na Seção 4 deste capítulo, falei sobre o amor, o conhecimento e a reflexão. Quanto ao aspecto do desenvolvimento, nossos ensinamentos se espalharão ainda mais se for comprovado que aqueles que praticam os ensinamentos da

Happy Science estão indo bem, o que por sua vez trará muitas coisas boas. Eu gostaria que as empresas dirigidas por nossos membros cresçam e prosperem, sobretudo nesses tempos difíceis.

O trabalho em uma empresa não é realizado por uma única pessoa. Existem associações com clientes e fornecedores e, por meio deles, pode haver uma propagação. Portanto, é bom começar e levar a cabo tudo o que você puder fazer.

2. Como motivar os subordinados

Pergunta:
Eu gostaria de saber mais sobre a motivação dos subordinados. Antigamente, os chefes ofereciam vários incentivos e aumentos salariais aos subordinados a fim de motivá-los. Hoje, no entanto, essa prática está se tornando cada vez mais inviável. Então, eu gostaria de receber algumas dicas para dar uma motivação extra aos subordinados.

A motivação do chefe contagia os subordinados

Ryuho Okawa:
Na sua pergunta, você usou a expressão "motivação dos subordinados". Lamento ser indelicado, mas, geralmente,

aqueles que usam esse termo não são os mais competentes. De modo geral, quando os subordinados são desmotivados, é porque o chefe também não é grande coisa. Como é verdade que as pessoas em cargos mais altos são mais fortes do que aquelas em cargos inferiores, quando a motivação do superior cresce, seus subordinados são contagiados.

Desse modo, não se pode culpar apenas as pessoas nos níveis mais baixos. Os subordinados estão onde estão por causa do seu baixo nível de consciência, e porque possuem pouco conhecimento e experiência. Na verdade, é fundamental que os superiores hierárquicos se motivem ao máximo para que, no final, seus subordinados – até do mais baixo nível hierárquico – mudem.

Sinto muito por essas palavras duras, mas com relação aos gestores empresariais o mais eficaz é repreendê-los. Na maioria das vezes, os elogios estragam os gestores. Quando somos duros e ríspidos, dizendo-lhes que não são bons, eles ficam cautelosos.

De onde vêm o entusiasmo e o senso de missão?

Se uma pessoa examinar várias empresas japonesas que tiveram um crescimento excepcional após a Segunda Guerra Mundial, perceberá que todas elas tiveram CEOs com um entusiasmo excepcional. Esse entusiasmo não era normal; era diferente do entusiasmo de um assalariado comum – que é proporcional à sua faixa salarial. Todo o crescimento excepcional veio de CEOs com um entusiasmo extraordinário.

Parece que esse entusiasmo do alto escalão vem de um senso de missão. E esse senso de missão vem do fato de que ele está sempre buscando a resposta para a pergunta: "Por que nossa empresa existe?".

Se o CEO fizesse a si mesmo perguntas como: "Por que minha empresa está aqui?", "Para que propósito existe?", "Por que deve continuar existindo?" e respondesse: "Para que os funcionários possam ter o que comer" ou "Para que eu possa continuar sendo o CEO", então ele seria uma pessoa comum.

Este é o tipo de resposta de uma empresa comum: "Espero que nossa empresa dure, para que meus funcionários possam colocar comida na mesa e criar suas famílias. Espero que nossa empresa dure, para que eu possa continuar a ser o CEO".

Mas isso não é o suficiente. Mesmo uma empresa pequena com trinta, cinquenta ou cem funcionários com certeza expandirá se todos desejarem iluminar o mundo ou a sociedade.

Existem muitos outros fatores determinantes, mas uma empresa sem esse entusiasmo não crescerá. Pessoas com esse entusiasmo excepcional possuem uma grande força de atração atuando ao seu redor, e elas se transformam em ímãs. Assim, o campo magnético em sua volta estará retorcido. As pessoas próximas também serão magnetizadas e passarão a atrair clientes, fornecedores e concorrentes. E a empresa irá crescer. Por outro lado, se a alta gestão se contentar com um pequeno sucesso e achar que já é o suficiente, começará a decadência.

À medida que a empresa cresce, começa a elaborar planos anuais. Quando essas metas são atingidas, o CEO, os executivos, os chefes de departamento, os chefes de seção e todos os funcionários ficam satisfeitos, esperando receber um bônus e torcendo por um resultado semelhante nos próximos anos.

Então, eles começam a se tornar passivos, pensando: "Espero que a empresa continue existindo até o meu casamento" ou "Espero que não vá à falência até meus filhos crescerem". São, enfim, expectativas passivas e apáticas.

Entretanto, com esses pensamentos, há uma grande chance de que a empresa seja derrotada. É por isso que você precisa de entusiasmo, de paixão. A fonte do entusiasmo é o senso de missão. E o senso de missão vem de continuar a buscar respostas para perguntas como: "Por que a nossa empresa existe?", "Por que deve continuar existindo?" e "Por que a sociedade, o país e o mundo precisam da nossa empresa?". A convicção e o senso de missão nascem do gestor que tem esse espírito e o entusiasmo vem em seguida.

Para ser franco, a maioria das empresas não faria falta, mesmo que desaparecesse, porque existem muitos concorrentes. As empresas dariam desculpas como: "Isso não é verdade. Somos uma empresa tradicional no mercado", "Estamos no mercado há 100 anos" ou "Somos uma empresa famosa", e assim por diante. Mas a questão é: "Sua empresa é realmente necessária?".

Vamos pegar a Toyota como exemplo. O lucro anual da montadora já chegou a 10 bilhões de dólares, mas, mesmo uma empresa como essa, talvez os consumidores não sentissem falta se desaparecesse. Bastaria que outras empresas com um desempenho atual ruim se esforçassem para preencher a lacuna. A Toyota tem consciência do perigo e, por isso, se empenha para que todos participem do movimento *kaizen* – melhorias contínuas.

A falência de algumas empresas e lojas causaria problemas para seus funcionários, mas poucas fariam falta à população de modo geral. Como existem concorrentes, os consumidores imediatamente mudariam para estes. Seja no mercado de tevês ou de automóveis, facilmente migrariam para empresas concorrentes. As roupas também podem ser compradas em outro lugar. Os produtos agropecuários também, se não puderem ser obtidos em seu país, podem ser comprados no exterior.

É por esse motivo que você deve responder às perguntas: "Por que as pessoas devem continuar comprando nossos produtos?" e "Por que nossa empresa deve continuar existindo?". Quando o gestor persistir em obter as respostas, consegue despertar a paixão, gerar o entusiasmo necessário. Por favor, pense sobre isso.

Responda à pergunta: "Por que nossa empresa é necessária?"

Creio que seja uma verdade universal que os subordinados não têm motivação para o trabalho. Mais de 90% das pessoas não querem trabalhar mais do que o salário que recebem. As que têm motivação para trabalhar mais do que ganham estão destinadas ao sucesso. As pessoas que sobem na hierarquia constantemente são aquelas que fazem mais do que aquilo pelo qual são pagas.

Porém, a maioria das pessoas não tem uma carreira de sucesso; elas acreditam que trabalhar mais do que ganham as coloca em desvantagem.

O indivíduo que pensa não estar cumprindo a própria missão se não produzir mais do que o seu salário é aquele que deixa seus colegas para trás na corrida pela carreira profissional. Pessoas assim são sempre uma minoria.

Entretanto, por mais que você seja esse profissional de destaque na sua empresa, se não houver diferença em relação aos concorrentes sua empresa não conseguirá evoluir. Então, pergunte a si mesmo: "Será que nossa empresa é realmente necessária para a sociedade?".

Isso também serve para a religião. Lendo reportagens especiais sobre religião nas revistas japonesas, vejo diversos líderes de outras religiões comentando: "Na era deflacionária em que vivemos, todas as religiões estão decadentes e passando por dificuldades", sempre culpando a deflação ou a recessão econômica.

Mas, se observarmos os últimos cem anos, veremos que as religiões tiveram um crescimento em suas estruturas organizacionais durante os períodos de recessão. A razão para isso é que, em tempos de recessão, por mais que se esforcem, as pessoas não conseguem obter os resultados desejados. Então, aumenta o número de pessoas que buscam Deus ou Buda. Os períodos de recessão são, na verdade, favoráveis ao crescimento das religiões.

Por outro lado, muitas religiões alegam: "A recessão está impedindo o aumento do número de fiéis" ou "Nossa renda não aumenta devido à recessão". As religiões estão ficando parecidas com as empresas.

Basta culpar a recessão ou a deflação e as pessoas param de se esforçar. No entanto, não é verdade que a falta de crescimento se deva à recessão ou à deflação. As religiões não crescem nem expandem porque o povo não as considera necessárias. Creio que seja isso; o mesmo vale para todo o resto.

Isso se aplica também à Happy Science; se ela para de crescer, significa que as pessoas não estão precisando dela. Então, é importante refletir continuamente sobre a melhor atitude a adotar : "O que devemos fazer para que a Happy Science seja mais procurada e necessitada pelo povo?". Eu penso nisso, mas todos os nossos líderes também devem pensar a respeito. Assim, essa vibração vai contagiar a todos até os níveis mais baixos.

Lamento dizer, mas a maioria das empresas pode não fazer falta, mesmo que entre em falência, porque elas não são únicas o suficiente. Portanto, é extremamente difícil afirmar que sua empresa é absolutamente necessária.

É por isso que você precisa criar algo que torne sua empresa absolutamente indispensável e desenvolver uma filosofia empresarial que estimule esse tipo de pensamento. Isso vai inspirar todos os funcionários e fará sua empresa crescer. A diferença entre uma empresa que tem uma filosofia e outra que não tem é enorme.

Para que os funcionários se comprometam com essa filosofia, o gestor ou executivo precisa fazer continuamente a pergunta fundamental: "Por que nossa empresa é necessária?". Tenha sempre esse tipo de questionamento em mente.

No caso da Divisão Internacional da Happy Science, por exemplo, é preciso fazer a seguinte pergunta: "Por que devemos divulgar nossos ensinamentos no exterior?". Se os funcionários da divisão conseguirem a resposta, com certeza o número de fiéis no exterior vai aumentar em cinco a dez vezes. Porém, se não puderem encontrar a resposta, não conseguirão um resultado maior do que o proposto no planejamento anual. É simples assim.

O mesmo se aplica às empresas. É preciso obter a resposta para essa pergunta. O empenho dedicado a essa questão vai gerar um impacto nos resultados.

É simples. Você não precisa de nenhum dinheiro. Basta responder às perguntas. Por que sua empresa é necessária? Por que as pessoas precisam dela? Por que ela precisa sobreviver? Quais seriam as razões pelas quais ela não entraria em colapso num período de deflação ou de recessão? Por que as pessoas querem que sua empresa continue no mercado? Por que seus produtos devem continuar sendo vendidos?

Por favor, responda a essas perguntas fundamentais. O que deve ser feito ficará bastante evidente à medida que você pensa nas respostas.

Não posso dar conselhos específicos, porque cada empresa vende produtos diferentes; portanto, pense na sua situação. Se você puder responder a essas perguntas, sua empresa continuará crescendo no próximo ano, no ano seguinte e daqui a dez anos.

3. Precauções ao expandir os negócios para a China

Pergunta:
Hoje, muitas empresas estão expandindo seus negócios para a China. No entanto, algumas pessoas preveem um colapso na economia chinesa. Eu gostaria de saber suas expectativas em ambos os casos, e também as precauções necessárias ao fazer negócios por lá.

As empresas que fracassam no próprio país não terão sucesso no exterior

Ryuho Okawa:
Desde muito tempo, diversas empresas faliram depois de transferir suas operações para locais com mão de obra barata. Obviamente, iniciar um negócio em um país estrangeiro envolve risco-país e risco político, que são dois aspectos difíceis de lidar como uma empresa individual. De fato, quando a empresa é levada pela avalanche de uma grande mudança política, nada se pode fazer. Por outro lado, a era presente exige novas formas de atuar, mesmo sabendo que esses riscos existem.

Contudo, por princípio, se a intenção é investir no exterior em busca do sucesso não conseguido no seu país, não há dúvidas de que a falência será inevitável. O fracasso é praticamente uma certeza se a ideia for investir no exterior para fugir da batalha no próprio país com um raciocínio do tipo: "Vamos desbravar um novo meio de vida. Vamos abrir uma rota para escapar do cerco. Talvez haja um lugar onde possamos ter sucesso".

Não há como uma empresa que fracassou no próprio país ter sucesso no exterior. Se uma empresa japonesa falha no Japão – o local de sua língua materna, onde tudo é conhecido pela empresa: a cultura e os costumes, o sentimento do povo, a geografia, os fornecedores, os clientes, o que os concorrentes fazem –, não há como vencer num país onde nada disso é conhecido. Isso é bastante óbvio.

A única chance de sucesso para essa empresa seria iniciar um pequeno negócio num lugar onde nenhum concorrente estivesse presente. Contudo, quando um concorrente chegasse ali, certamente, seria derrotada. É simples assim.

Aqueles que podem ter sucesso no exterior são as empresas que estão tendo bons resultados no seu país, apesar da recessão econômica. Quem está prestes a falir no seu país, se tentar investir no exterior, fatalmente falirá. Quem estiver indo de vento em popa no seu país, quando todos os concorrentes estão sofrendo, terá sucesso no exterior.

Em termos de estilo de gestão, seria semelhante à gestão de barragem. Nesse modelo, acumula-se a água e, quando necessário, abrem-se as comportas. Quando não há necessidade de consumi-la, a água é represada. As empresas bem-sucedidas no próprio país, que adquiriram experiência, acumularam capital e outras reservas, e que querem investir no exterior por ter dinheiro sobrando, podem arcar com perdas. Elas estimam previamente quanto podem perder sem correrem o risco de falir.

Há uma diferença entre essas empresas e outras que apostam todas as suas chances no exterior. A Toyota, inclusive, investiu na China, construindo uma fábrica em Tianjin. A previsão de produção para o primeiro ano era de 30 mil carros, o que representa uma meta muito prudente. Mesmo se a Toyota não vendesse nenhum desses 30 mil veículos, não ficaria abalada. É realmente prudente.

Enquanto isso, os sonhadores são sempre megalomaníacos. São os sonhadores que pensam em termos de "milhões de unidades". Pessoas desse tipo apostam a empresa toda numa disputa, como se fosse uma questão de vida ou morte.

Já as empresas que realmente obtêm grandes lucros, como a Toyota, procuram ser prudentes, investindo pouco no início, depois conquistado a fama e, por fim, investindo pesado.

Empresas assim se dão bem, mas aquelas que buscam a chance de sobrevivência apostando apenas na mão de obra mais barata entrarão em colapso. Essa é a dura realidade.

O fundamental é gerar lucro na atividade principal da empresa

Levando-se em consideração a atual conjuntura econômica, se uma empresa está apresentando resultados ruins em seu negócio principal e pretende cobrir esse déficit com o superávit de um novo negócio paralelo, pode-se afirmar quase com certeza que a empresa está fadada à falência. O correto é gerar lucros com base na atividade principal da empresa. Eis o fundamento da gestão.

Se você não está conseguindo obter lucro em sua atividade principal e, ainda assim, pretende iniciar um negócio paralelo, ele apenas roubará energia, sabedoria e recursos financeiros do negócio principal. Além disso, como é necessário desenvolver um sistema que incorpore novo *know-how*, isso é também muito difícil. Devido à falta de capacidade, não será possível obter lucro, e com certeza isso acabará afetando até mesmo o negócio principal da empresa. A situação financeira, que já era ruim, se agravará ainda mais. Se o negócio principal quebrar, será praticamente impossível recuperá-lo. A única alternativa seria mudar de ramo. É assim que devemos pensar.

Se, como gestor, você pretende alcançar o sucesso com um novo negócio para compensar o fracasso do seu negócio principal, sua empresa provavelmente deixará de existir em menos de cinco anos.

Mas, se sua empresa está indo bem em sua principal atividade e você quer investir parte dos seus recursos em um novo negócio – desde que um eventual fracasso no novo negócio não afete minimamente sua saúde financeira –, é provável que você tenha sucesso em novos empreendimentos.

Ainda assim, como conceito básico, o novo negócio não pode ser muito diferente do negócio principal. É preciso que o novo empreendimento seja uma extensão do principal. Caso contrário, dificilmente dará certo.

Então, em princípio, sou contra a diversificação desordenada, pois isso leva ao fracasso. O ser humano acaba fracassando quando tenta fazer algo com o qual não está muito acostumado. Se você consegue fazer isso, pode fazer qualquer coisa.

No passado, certa empresa siderúrgica montou um viveiro de enguias no terreno onde havia uma fábrica, mas, como era de se esperar, não deu certo. Existe uma enorme lacuna entre a produção de aço e a criação de enguias. É possível que o raciocínio tenha sido algo assim: "A terra está disponível. Temos água quente gerada pelo alto-forno. Acho que vai ser fácil criar enguias". No entanto, os funcionários não eram do ramo. Então, foi preciso contratar profissionais da piscicultura, pois o tipo de trabalho era completamente diferente. Assim, os negócios feitos com base em ideias aleatórias de um leigo não têm como dar certo.

Se ao menos fosse um ramo parecido, poderia ser viável. É possível investir num ramo de conceitos semelhantes; no entanto, é muito difícil entrar num setor de negócios completamente diferente do atual.

Por exemplo, obviamente seria difícil para a Happy Science atuar no ramo da indústria, uma vez que pregamos a importância do coração, e não da matéria. Poderíamos fazer coisas relacionadas ao coração, mas, se a manufatura for a atividade principal, ficará difícil porque o conceito é diferente. É assim que funciona.

A partir de agora, a deflação no Japão será persistente e, por isso, todos vão desejar encontrar novos meios de vida. No entanto, há uma grande probabilidade de fracasso, pois em geral a motivação dessa iniciativa é a de abandonar a responsabilidade gerencial do negócio principal e colocar a culpa nas circunstâncias, acreditando que um novo negócio daria certo.

Os riscos e as perspectivas de gerir negócios na China

Investir em negócios na China envolve o risco-país. Eu realmente acredito nisso. Pode ser possível obter lucro entrando nesse mercado, mas, se o sistema político mudar, você pode perder tudo. Você pode até mesmo ter sua fábrica confiscada pelo Estado e transformada em uma empresa estatal. Desse modo, se você prefere priorizar o lucro, mesmo correndo o risco de perder tudo, então pode investir lá. Por outro lado, se sua empresa pode quebrar caso perca suas operações na China, então é melhor não investir.

Existem problemas fundamentais no que diz respeito à evolução do mercado na China. Como o país é governado por um regime totalitário de um único partido, mesmo que sua economia de mercado avance até certo ponto, o colapso será inevitável. A nação terá de optar entre uma economia de mercado e o totalitarismo.

A economia de mercado não é compatível com o regime totalitário de partido único e ditatorial. O que é compatível com o totalitarismo é um sistema de quotas. No totalitarismo, o sistema mais compatível é o controle de preço pelo governo. Ou seja, a economia controlada pelo regime militar é o melhor método em um sistema totalitário. Portanto, implementar uma economia de mercado é uma ameaça ao totalitarismo.

Na China, havia uma regra que estabelecia que os empresários não podiam ser membros do Partido Comunista da China. Mais recentemente, porém, como eles estão obtendo muitos lucros, o partido está pensando em deixá-los sob seu controle. Por exemplo, os CEOs de empresas com fins lucrativos que fabricam computadores estão sendo aceitos como membros do CPC ou sendo nomeados para a diretoria do partido.

Entretanto, ao ingressar no partido eles estarão sendo incorporados à economia controlada pelo Estado, e isso significa o enfraquecimento dos seus negócios. Se suas empresas, por serem lucrativas, forem dominadas pelo partido comunista, seus negócios entrarão em colapso. É uma situação assustadora.

Se a combinação de economia controlada com iniciativa privada desse certo, Hong Kong, que foi absorvida pela China, deveria estar prosperando. No entanto, está enfraquecendo. Se Taiwan também for absorvido pela China, rapidamente perderá sua prosperidade econômica. Isso se deve à diferença de mentalidade.

A economia de mercado baseia-se no princípio da competição entre empresas com valores diferentes, onde os fortes sobrevivem e os fracos são eliminados. Mas não existe o conceito de análise comparativa entre diferentes valores na doutrina do sistema ditatorial de partido único; portanto, a economia de mercado não é viável nesse regime.

Basicamente, é muito difícil a coexistência do totalitarismo com a economia de mercado e, por isso, a disputa entre a política e a economia continuará até que se defina o vencedor. Como existem 700 milhões de pessoas vivendo na zona rural da China, o regime político ainda não pode ser derrubado. No entanto, se a liberdade econômica se expandir, tudo será possível. Esse tipo de risco político inevitavelmente acompanhará os negócios na China.

Há um erro teórico no modelo chinês e, portanto, não pode durar até o fim. Quando o número de pessoas que lucram com a economia de mercado ultrapassar 50% da população, a mudança política poderá acontecer. Não há futuro para a China a menos que seu sistema político mude.

Hoje, 600 milhões de pessoas vivem nas cidades e 700 milhões em comunidades agrícolas. O nível da economia da zona rural é semelhante ao do Japão de antes da Segunda Guerra Mundial, e o Partido Comunista da China, que está baseado na zona rural, não cairá por enquanto.

Contudo, a situação mudará quando o país todo começar a mudar para a economia de mercado. O sistema atual estará em risco quando a participação da economia de mercado ultrapassar 50%. O atual regime ditatorial de partido único definitivamente chegará ao fim. Basicamente, esse regime só funciona para acabar com a economia. A economia planificada é o único sistema compatível com ela. E é por isso que esse regime político entrará em colapso.

A China acabará perdendo um ou outro: política ou economia. A história vai provar qual lado prevalecerá. O resultado virá em dez ou vinte anos. No entanto, como tendência básica, acredito que a política vai perder.

CAPÍTULO TRÊS

O Papel do CEO na Alta Administração

1

Um CEO deve ser o próprio gerador de energia

O CEO é a fonte de energia da empresa

Neste capítulo, eu gostaria de falar sobre aspectos úteis para os CEOs, para aqueles que trabalham em posições que assessoram o CEO e também para aqueles que aspiram a essas posições.

A teoria de alta gestão deve abranger diversas áreas, mas, se examinarmos sobretudo do ponto de vista religioso, o aspecto principal se resume a questões de caráter e de atitude mental. Assim, sem me aprofundar muito em questões técnicas, pretendo tratar dessa teoria pela perspectiva religiosa.

O primeiro ponto que eu gostaria de destacar é que um CEO deve ser capaz de gerar a própria energia. Hoje, temos empresas de energia elétrica para fornecer energia a todos os lares; assim, basta ligar o interruptor e a luz acende, graças a essa fonte externa de energia. Porém, um CEO não deve depender de uma fonte externa, mas ser capaz de gerar a própria energia. Talvez a escala de produção não seja tão grandiosa como a de uma empresa de energia elétrica, mas você deve ser a fonte de sua "energia elétrica".

A posição do funcionário é a de receber a energia e apertar o interruptor para acender a lâmpada. Para motivá-lo, é preciso a cobrança do chefe, de suas ordens e metas.

Entretanto, quem atribui metas a um CEO? Quem diz a ele: "Vá em frente"?. Normalmente, não há ninguém para lhe dizer esse tipo de coisa. Claro, no caso de grandes empresas com muitos acionistas, é natural que uma assembleia geral de acionistas exija que os CEOs sejam responsabilizados e substituídos se essas empresas apresentam sucessivos déficits e a situação se estende por certo período.

Em geral, quem decide o que fazer é o próprio CEO. Ele é responsável por definir metas, inovações, o que fazer e quanto fazer. Em suma, o CEO deve atuar como uma fonte de suprimentos.

Tenha a consciência de que o CEO ou o gestor deve ter a capacidade de gerar a própria energia, seja qual for o porte da empresa. Esse é o primeiro ponto que eu gostaria que você tivesse em mente.

Mesmo que sua empresa tenha apenas dez funcionários, um CEO é um CEO. Sem dúvida, podem surgir situações que levem os funcionários a criticar o chefe, mas o fato é que a fonte de energia deve ser o próprio CEO. Saiba que, como CEO, seus funcionários não ficarão motivados a menos que você dê tudo de si, girando as turbinas e gerando energia. Por que aqueles que estão abaixo, recebendo salários mais baixos, irão dar duro se o superior hierárquico está desmotivado?

Não importa se a empresa possui dez, cem, mil ou 10 mil funcionários; quem está no topo deve ter a atitude mental de um indivíduo gerador da própria energia que vai fornecê-la aos demais e não contar com o abastecimento energético dos outros. É você quem deve girar as turbinas sozinho, em vez de receber ordens de terceiros. Você não pode ser um líder a menos que esteja sempre disposto a manter as turbinas em movimento para continuar gerando energia.

As pessoas que não têm vontade de gerar energia são aquelas que, em suma, só se esforçam quando têm alguma motivação externa, como dívidas ou um balanço deficitário, e não podem ser consideradas competentes. Portanto, quem não tem vontade de gerar energia por si mesmo deve se conscientizar de que está prestes a perder seu cargo.

Os diretores e gerentes também devem ser capazes de gerar a própria energia

Comentei antes que essa questão dizia respeito exclusivamente ao CEO; porém, no caso de empresas maiores não é bem assim. Claro, o CEO deve pensar que é capaz de gerar energia sozinho, mas numa grande empresa existem muitos departamentos, com respectivos diretores e gerentes.

Desse modo, esses diretores e gerentes também precisam pensar em si mesmos como geradores de energia de suas unidades. Devem considerar que, se eles próprios não gerarem energia, seus departamentos não serão úteis. O mesmo vale para os gerentes ou chefes de seção. Se a seção for composta por dez ou vinte funcionários e o chefe for negligente, seus subordinados não desenvolverão nenhuma motivação.

É preciso que os líderes e dirigentes em altos cargos percebam a si mesmos como geradores de energia. Não basta o indivíduo se empenhar somente quando recebe a corrente elétrica.

O CEO fornece a energia elétrica, claro, mas os diretores ou chefes de departamento não devem ficar parados esperando as ordens. Não devem simplesmente esperar a energia chegar.

Os gerentes e chefes de departamento também não devem ficar parados, esperando as instruções do CEO. Caso contrário, a empresa vai fracassar. Você deve ter em mente que precisa gerar a própria energia.

2

O CEO deve assumir a responsabilidade por tudo o que ocorre na empresa

As responsabilidades de um CEO são duras, mas também podem dar um propósito à sua vida

De acordo com o porte da organização, as responsabilidades podem variar e ser compartilhadas com muitas pessoas, porém, no caso de pequenas ou médias empresas, a responsabilidade cabe apenas ao CEO. Isso pode parecer difícil, mas, por outro lado, assumir essa responsabilidade pode dar um sentido de propósito à vida do CEO. É ótimo poder administrar um empreendimento de acordo com as próprias decisões. Poder raciocinar e executar por conta própria, sem receber ordens de ninguém, é algo esplêndido.

Não importa quão pequena seja uma empresa, ser CEO é algo louvável. Não é um cargo que esteja ao alcance de todos. Você não pode simplesmente vir de outra empresa de repente e se tornar um CEO. O CEO de uma empresa possui a experiência do desenvolvimento de todas as atividades do negócio, além do domínio de todo o trabalho que foi feito.

Embora a Happy Science não seja uma empresa, eu mesmo enfrentei problemas semelhantes durante a gestão do grupo. Eu também não tive nenhum professor para me guiar. Em geral, um líder religioso começa a estudar sob orientação de um mestre desde tenra idade e, por fim, o substitui após sua morte. No entanto, eu não tive mestre. Isso pode ser considerado algo difícil, mas raramente pensei nisso dessa maneira. Sempre achei que era natural não ter um mestre.

Por esse motivo, em algumas situações tive de rever meus conceitos, quando cometia um erro ou fracassava em algo. Precisei refletir e mudar meus métodos de trabalho ao passar por vários incidentes e testemunhar diversos fenômenos. Nesse sentido, é possível que eu tenha titubeado em algumas situações. Eu podia adotar medidas preventivas sobre as coisas que eu sabia, mas, em relação àquilo que eu desconhecia, com certeza devo ter ficado para trás. No entanto, procurei repetir inúmeras vezes a revisão dos conceitos e métodos, observando e avaliando os resultados das minhas ideias e ações.

Creio que essa atitude é válida também para os gestores. Você deve assumir a responsabilidade pelos resultados dos próprios pensamentos, ideias e ações. E você deve aceitar o desafio que vem com essa responsabilidade.

Ao assumir a responsabilidade por tudo o que ocorre na empresa, você passa a exigir mais dos seus subordinados

Um CEO é capaz de fazer exigências a seus subordinados justamente porque ele assume a responsabilidade por tudo o que ocorre na empresa. Se ele não assumir essa responsabilidade e simplesmente disser aos subordinados para trabalhar, os funcionários só mostrarão empenho na frente dele e serão negligentes na sua ausência. Isso é óbvio.

Quando o CEO assume responsabilidade total, significa que ele será responsabilizado até mesmo por coisas que ele mesmo não fez, e isso é difícil. No entanto, é justamente por assumir a responsabilidade por ações que o CEO não supervisionou diretamente que ele vai poder fazer exigências aos funcionários.

Um CEO deve reunir seus diretores e gerentes e esclarecer o que ele deseja que façam. Se não fizer isso, somente a responsabilidade recairá sobre ele. Se ele tem ideia de como faria o trabalho, deve exigir que seja feito daquela maneira.

Se o CEO não fizer exigências precisas, não poderá culpar seus subordinados se as coisas não saírem do jeito que ele esperava. Por outro lado, é ridículo assumir a responsabilidade pelo fracasso causado por não ter feito as exigências devidamente. Por mais que você espere que seus subordinados façam dessa ou daquela maneira, essa exigência deve ser transmitida a eles, pois serão eles que irão executar, e não você. Desse modo, você pode exigir porque vai assumir a responsabilidade.

O mesmo vale para um diretor. Por assumir a responsabilidade sobre o seu departamento, ele pode exigir que seu gerente ou supervisor transmita aos subordinados como o trabalho deve ser feito.

Os subordinados que recebem as ordens de seus superiores pensam: "O chefe está assumindo a responsabilidade e é por isso que ele estabelece metas e critérios rígidos sobre as tarefas". Assim, os subordinados vão querer atender às expectativas do chefe por verem que ele está assumindo a responsabilidade.

No entanto, se os subordinados sentirem que o chefe está ordenando a realização de uma tarefa para se esquivar da responsabilidade, eles não vão querer assumir a tarefa e pensarão: "Eu só posso fazer esse trabalho se for nomeado chefe de departamento".

É por isso que aqueles que ocupam cargos mais altos – como CEOs, gestores, diretores e gerentes – devem primeiro decidir assumir a responsabilidade por si mesmos. Isso também vai melhorar a eficiência no comando dos seus subordinados.

Quem deve encarnar o papel de gerador de energia para motivar os funcionários é a própria chefia. Isso se manifesta em suas ideias, em sua voz de comando e em suas metas. Sua determinação em assumir a responsabilidade e seu entusiasmo se manifestarão nas exigências em relação aos seus subordinados que, por sua vez, corresponderão à sua expectativa.

Se a chefia simplesmente expressar a exigência sem querer assumir a responsabilidade e tentar se esquivar com o espírito de "deixe estar", seus subordinados também não o levarão a sério.

Se um diretor ou chefe de departamento for repreendido pelo CEO e, por não querer assumir sozinho a responsabilidade, descontar sua ira em seus subordinados repreendendo-os, eles agirão exatamente da mesma maneira com aqueles que estão abaixo deles.

No final, todos estarão apenas pensando em si e tentarão evitar assumir responsabilidades. Eis a sutileza da questão.

Por que o CEO deve assumir a responsabilidade mesmo por coisas que ele desconhecia

Numa grande empresa japonesa, quando ocorrem fraudes o CEO rapidamente dá uma entrevista coletiva à imprensa, pede desculpas e renuncia ao cargo. Todos sabem que ele não supervisionou pessoalmente a operação em pauta.

Numa empresa com 5 mil ou 10 mil funcionários, não é possível um CEO estar a par de todos os erros operacionais da fábrica ou de fraudes cometidas em algum setor.

O CEO deve ter uma vontade imensa de ir para a coletiva de imprensa e dizer que o diretor da fábrica é o culpado pelo problema, que ocorreu desde a época que ele assumiu a direção. Porém, se fizer isso, nem a mídia nem o povo o perdoarão, e dirão: "Do que você está falando? É o nome da sua empresa que aparece no produto. Não é o produto da sua empresa? Sabemos que o CEO não trabalha na fábrica. Mas é um produto que leva o nome e o logotipo da sua empresa. Portanto, é claro que a responsabilidade é sua, por ser o CEO. Você recebe um alto salário e desfruta de um elevado *status* social para assumir a responsabilidade inclusive por coisas que você não vê".

Por mais que queira jogar a culpa na fábrica e fugir de sua responsabilidade, o CEO não será perdoado. Se ele fizer isso, então a responsabilidade será cobrada não somente dele, mas também da empresa como um todo. O CEO abaixa a cabeça em um pedido de desculpas, para evitar atribuir responsabilidades a toda a organização.

Em geral, quando o CEO é substituído e a empresa anuncia uma renovação com um novo gestor, o mercado japonês volta à normalidade.

Quando percebem que o CEO corre o risco de ser demitido, os subordinados começam a dar duro

Os funcionários que pertencem à área com problema sabem que o CEO não está totalmente a par do que ocorre no setor; então, ficam muito mais atentos, imaginando que seria trágico se o CEO tivesse de se demitir por causa do problema causado por negligência da equipe.

Por exemplo, vamos supor que um operário de uma fábrica exagerou na bebida na noite anterior. No dia seguinte, ele estava desatento e, durante a montagem de um veículo, esqueceu de apertar um dos parafusos. Esse veículo defeituoso acabou provocando um grave acidente de trânsito, que matou uma pessoa.

Se o acidente for muito grave, é natural que a responsabilidade seja cobrada inclusive do CEO, no Japão. A causa do acidente pode, de fato, estar na negligência de um subordinado que se embebedou na noite anterior. Apesar de ser um simples parafuso, se o acidente foi causado por negligência da empresa, é natural que a responsabilidade recaia no CEO.

Claro, se for uma pequena empresa composta por cinco, dez ou vinte pessoas, o CEO pode supervisionar todas as atividades e estar envolvido em todas elas. Mesmo assim, se o CEO sair para uma viagem de vendas, por exemplo, talvez ele não acompanhe tudo e os funcionários podem estar sendo negligentes.

De qualquer maneira, se o superior hierárquico evita assumir responsabilidades, mesmo que seja um pouco, os subordinados também começam a fazer o mesmo.

Quando o superior se compromete a assumir sempre a responsabilidade, seus subordinados veem isso. E, se acreditam que ele sem dúvida irá assumir total responsabilidade, não importa o que aconteça, eles não ficarão sentados sem fazer nada, mesmo que não sejam supervisionados, pois vão imaginar que, se forem negligentes, o CEO poderá ser destituído do cargo. Esse tipo de tensão, no bom sentido, afeta e abala os dois lados, e é muito importante numa equipe.

Portanto, no final, tudo está ligado ao CEO. É ele que deve atuar como fonte de energia para todos e pensar em si como o único responsável. Deve acreditar que tudo depende dele: apresentar ideias, planos e metas e assumir total responsabilidade pelos resultados, mesmo quando as operações não estão sendo diretamente supervisionadas por ele. Ele não pode dar desculpas do tipo: "Eu não tinha notado".

A responsabilidade pela nomeação de pessoas

Com relação a esse ponto, as questões ligadas à escolha de funcionários são extremamente importantes para o presidente de uma empresa. Como a empresa deve funcionar sem que você supervisione todas as tarefas pessoalmente, a função do departamento de Recursos Humanos é fundamental para definir o perfil do profissional que deve ser nomeado para cada cargo.

Uma vez nomeado um profissional, se ocorrer alguma falha ou se ele não estiver fazendo seu trabalho, a responsabilidade também será de quem o nomeou. A responsabilidade não está apenas na pessoa nomeada, mas também na pessoa que tem o poder de nomeação, sobretudo se quem nomeou nada fez quando soube que o profissional não está indo bem.

Em resumo, ser CEO é realmente muito difícil; não é à toa que se trata de um cargo com alta remuneração e grande prestígio na sociedade. Pode ser impossível aumentar a carga horária de trabalho de uma pessoa, mas, quando se chega ao topo, o peso das responsabilidades e a importância do trabalho mudam proporcionalmente. A questão de quanta responsabilidade o CEO é capaz de assumir determina a escala da empresa. Está relacionada a quanto a empresa poderá crescer.

Enfim, expliquei como o CEO deve ser o gerador próprio de energia da empresa e como precisa adotar com firmeza o princípio de assumir total responsabilidade.

Se o CEO evita assumir responsabilidades e considera que isso é um problema dos seus subordinados, ele não pode fazer a empresa crescer. Na verdade, uma pessoa desse tipo costuma invariavelmente culpar o ambiente externo, fatores ou condições externas pelos maus resultados: "A economia está ruim", "A diretriz do governo está errada", "O mercado internacional está ruim", "Perdemos porque a concorrência fez isso ou aquilo" etc. É preciso se conscientizar de que, enquanto você continuar pensando assim, não verá perspectiva de crescimento de sua empresa.

3

O fracasso é o maior mestre da vida

Quando você tenta romper seus limites, os fracassos são inevitáveis

O fracasso em si não é algo tão ruim. Ele é imprescindível para se conquistar o sucesso. O ser humano só consegue abrir caminho para o sucesso depois de experimentar o fracasso.

Enquanto um indivíduo tem um sucesso contínuo, na verdade ele ainda não chegou ao seu limite. Se você ainda não atingiu seu limite e trabalha dentro do seu potencial, pode continuar a ter êxito nos resultados. Mas, quando tentar ultrapassar seus limites, o fracasso será inevitável. Ainda assim, você não deve recuar. Considerando o fracasso como seu melhor professor, aproveite a experiência para analisar o seguinte: "O que devo fazer? Onde foi que errei? Quais medidas devo adotar?".

O fracasso é de fato o maior mestre da vida. Já o sucesso, por outro lado, na maioria das vezes não serve como mestre, pois o ser humano encara isso como uma autoafirmação e tende a se vangloriar dos seus sucessos: "Deu certo porque sou competente", "Sou uma pessoa inteligente", "É porque sou talentoso", "É porque esse negócio está no auge do sucesso". Isso até pode ser verdade, porém, não lhe será muito útil.

Entretanto, o fracasso se torna um professor. Quando falham, as pessoas começam a ponderar; pensam profunda e repetidamente sobre o que ocorreu. Isso é muito importante.

As pessoas que afirmam que nunca fracassaram com certeza não chegaram ao limite de suas habilidades. Por exemplo, se alguém que tem potencial para ser gerente estiver trabalhando como chefe de seção ou coordenador, provavelmente não cometerá muitos erros.

Porém, isso seria um desperdício tanto para a pessoa como para a empresa. Seria um desperdício ter alguém com potencial para ser gerente trabalhando como coordenador. Ou ainda, seria uma prova de incompetência do gestor manter como gerente alguém capaz de ser diretor. E esse profissional também não estaria sabendo usar seu potencial.

Aqueles que dizem que nunca cometeram erros devem fazer a si mesmos as seguintes perguntas: "Será que estou usando plenamente meu potencial? Será que eu não estou querendo superar meus limites?", "Será que estou apenas tentando me proteger? Será que estou na minha 'zona de conforto', achando que basta não fracassar para ser promovido?". Os gestores também devem fazer esse mesmo tipo de questionamento.

Uma empresa cujo CEO nunca fracassou é também uma empresa que não pode crescer. Os fracassos são comuns em empresas de capital de risco.

Quando se almeja desenvolver um novo modelo de negócio ou entrar num novo ramo de atividade, os fracassos são corriqueiros e praticamente inevitáveis. Quem tem medo disso não é capaz de ingressar em novos negócios.

Aqueles que têm medo do fracasso só são capazes de trabalhar no estilo tradicional; portanto, não vão se expandir nem poderão atuar em novas áreas. Ou seja, não há perspectiva de maiores sucessos para aqueles que temem o fracasso.

Não fique na sua "zona de conforto": arrisque-se em desafios que sua empresa pode enfrentar

O CEO não deve temer o fracasso; ao mesmo tempo, essa derrota deve ser de um tamanho superável pela capacidade da empresa. Se for grande demais, é óbvio que a empresa corre o risco de falir. Há um limite para a capacidade da organização, quando ela pode falhar e ainda assim sobreviver – por exemplo, perder de 10%, 20% ou 30% de sua força total. Claro, o revés deve estar dentro da faixa suportável pela empresa. É possível que, pelo menos uma vez ao longo de sua existência, uma empresa enfrente uma situação de alto risco, de vida ou morte. Mesmo assim, fazer apostas que poderiam levar a empresa à falência total, ano após ano, seria um exagero.

Embora não se deva exagerar, há casos em que você pode querer se arriscar em um jogo de azar, com certo risco de fracasso, desde que estejam dentro de um nível suportável pela capacidade da empresa. Quem foge dessas oportunidades pode ser classificado como um gestor que está preocupado apenas em se resguardar.

As pessoas que dizem que nunca fracassaram podem estar se vangloriando ou, até mesmo, querendo ser reconhecidas por isso pelos outros, mas parece haver um problema em termos de liderança de outras pessoas.

Quem parte para o ataque ativamente sem dúvida enfrentará fracassos. Existem pessoas que entendem isso e não questionam os erros do passado. Inevitavelmente, aqueles que estão no ataque sempre falham, enquanto aqueles que não fazem nada, não. Entretanto, uma organização que reúne muitas pessoas que não fazem nada infalivelmente estagnará e logo acabará morrendo.

A gestão sempre busca estabilidade. Ela oscila enquanto busca o equilíbrio em períodos de turbulência. A estabilidade em si é uma coisa boa; entretanto, o gestor não pode se acomodar nela, pois isso tende a levar a empresa à estagnação e decadência.

Planejar a estabilidade é importante, mas você não deve se acomodar. Quando sentir que alcançou a estabilidade, deve pensar no próximo desafio, imaginando de que modo sair de sua zona de conforto.

Procure produzir uma pequena medida de instabilidade para criar pressão na organização e provocar motivação. Do contrário, em breve você não conseguirá nem mesmo manter o *status quo*.

No clima difícil do mundo atual, apenas quando você luta continuamente consegue preservar o *status quo*. Procure sempre manter esse espírito.

4
A filosofia de gestão traz crescimento e prosperidade para a empresa

Uma empresa não consegue crescer sem estruturar uma filosofia de gestão

É uma característica do ser humano ficar amedrontado quando o setor empresarial apresenta um crescente número de falências causadas pela recessão. Todos ficam acovardados e se sentem incapazes de assumir novos desafios.

Você pode ter tido coragem quando fundou sua empresa, mas, quando ela atinge determinado tamanho, seu desejo de autopreservação entra em ação e cada vez mais você busca estabilidade. E a coragem vai desaparecendo enquanto a empresa tenta manter o *status quo.*

Podemos compreender como surge esse sentimento. À medida que aumenta o número de funcionários trabalhando além do seu alcance de visão, o gestor pode sentir que suas palavras não fazem diferença na empresa. Além disso, cresce o número de pessoas que se recusam a assumir responsabilidades.

Contudo, quando perde a coragem, você como CEO deve uma vez mais refinar seu pensamento. No início, quando a empresa foi fundada, talvez seu ideal tenha sido fazer o que gosta, poder alimentar sua família e garantir o salário dos seus funcionários.

Porém, com o crescimento da empresa aquele ideal se torna insuficiente. Você precisa estar preparado para responder à seguinte pergunta: "Por que minha empresa deve crescer e prosperar?". Isso porque, como mencionei antes, um CEO não tem ninguém para lhe ensinar essas coisas. Não ter professor significa que você precisa descobrir por si mesmo. Não adianta entregar um questionários aos seus subordinados.

Embora possa ser difícil, o CEO precisa pensar sozinho. "Por que minha empresa deve crescer de dez para cinquenta funcionários?" "Nossa meta é ultrapassar o faturamento anual de 1 milhão de dólares, mas qual é o objetivo disso?" Enfim, é preciso pensar exaustivamente no significado que está por trás dessa meta.

Isso é o que chamamos de "filosofia de gestão", o que muitas vezes falta em empresas de pequeno e médio porte. Em geral, nesse tipo de empresa, como o CEO se considera o único gestor, ele fica constrangido que os outros conheçam a filosofia de gestão, uma vez que é algo como seu diário pessoal. Assim, ele não divulga seus pensamentos a outras pessoas.

Todavia, a empresa não pode crescer a menos que a filosofia de gestão seja elaborada. Enquanto se basear apenas em seu próprio entendimento, a empresa não pode crescer; portanto, você precisa desenvolver uma filosofia de gestão meditando profundamente sobre o assunto. "Para qual finalidade minha empresa existe?". "Para onde o crescimento da empresa vai nos levar?" "Qual é o objetivo do crescimento?" Essas questões precisam ser minuciosamente examinadas para se desenvolver um ideal ou uma filosofia de gestão.

Porém, quase todos os CEOs de pequenas e médias empresas afirmam que isso não é necessário. Dizem: "Basta saber comprar e vender!" ou "Se os lucros forem maiores que as dívidas, está tudo bem! Isso é tudo!". Muitas pessoas pensam assim.

Apesar disso, quando uma empresa emprega vinte, trinta ou cinquenta funcionários, essas pessoas precisam ter um propósito de vida no trabalho.

Para que a empresa progrida, é preciso ter a coragem de abrir novos caminhos, e a fonte dessa coragem é a filosofia de gestão.

Quando se estabelece uma filosofia de gestão, consolida-se o senso de justiça

Ao se estabelecer uma filosofia de gestão e transmiti-la repetidas vezes para que todos os funcionários a compreendam e se conscientizem de que a empresa se empenha para realizar esse ideal, surge na empresa o senso de justiça. Quando todos na empresa tiverem consciência desse senso de justiça, brotará a coragem.

Suponhamos que a empresa estabeleça a seguinte filosofia de gestão: "Vamos solucionar os problemas ambientais". Uma vez anunciada a filosofia de como melhorar o meio ambiente, é preciso explicar esse conceito repetidas vezes para que os funcionários a compreendam bem.

Se a filosofia da sua empresa é desenvolver tecnologia para solucionar problemas ambientais, você não pode ficar satisfeito em cumprir pequenas metas, como transformar o balanço deficitário em superavitário. Ao buscar a tecnologia de defesa ambiental, a empresa poderá sentir necessidade de desenvolver outras tecnologias, diferentes das praticadas atualmente.

Dentre os problemas ambientais existem aqueles relacionados ao ar, à água e ao solo, assim como aos hábitats. Diversos tipos de problemas ambientais podem surgir; então, assim que você apresentar uma ideia como solução para um problema ambiental, surgirão muitas outras tarefas necessárias e relacionadas a ela. Esse deverá ser o rumo do desenvolvimento empresarial.

Quando o CEO estabelece essa filosofia de gestão e anuncia aos seus funcionários que as metas de faturamento passarão de 50 milhões para 100 milhões de dólares e depois para 300 milhões, todos concordarão, pois pensarão:

"Isso mesmo! Se nossa empresa não crescer nesse ritmo, o país não conseguirá resolver os problemas ambientais".

Vamos supor que exista uma empresa cujo serviço é inspecionar e tratar o esgoto gerado por uma fábrica. O trabalho dessa empresa não termina com o simples tratamento do esgoto da fábrica. Se seu objetivo é purificar os resíduos líquidos de todas as fábricas do país, então a empresa deve crescer. Se não conseguir se expandir, não terá como espalhar essa tecnologia por todo o território nacional.

Esse é um exemplo. Desse modo, o senso de justiça se consolida quando você estabelece uma filosofia de gestão.

Você terá coragem de progredir quando o senso de justiça se consolidar

Quando se estabelece o senso de justiça, o ser humano se fortalece e a coragem começa a brotar. As pessoas têm a coragem de dar um passo à frente e se expandir.

Se o CEO apenas declarar que sua meta é aumentar o faturamento de 50 milhões para 100 milhões de dólares, seus subordinados simplesmente vão achar a proposta absurda. No entanto, se o CEO explicar que: "Não se trata de metas absurdas, pois, a fim de solucionar os problemas ambientais do Japão, a empresa precisa crescer de 50 milhões para 100 milhões de dólares, depois para

300 milhões, um bilhão e até 10 bilhões de dólares", os funcionários irão concordar e até achar que a empresa deveria crescer ainda mais.

Eles pensarão: "Não se trata de um problema só da nossa empresa. Estamos trabalhando em prol da nossa nação. Depois de espalharmos nossa tecnologia de preservação ambiental por todo o Japão, devemos divulgá-la para o mundo". "A poluição na China e no Sudeste Asiático é terrível. A África pode estar atrasada em termos de desenvolvimento, mas vai crescer e começar a ter problemas desse tipo também. Temos de atender esses países. Ainda há muito trabalho no exterior. Sempre que estivermos tendo problemas para divulgar nossas tecnologias em nosso país, não conseguiremos expandi-las para o exterior. Enquanto isso, a poluição ambiental mundial está avançando. Temos de batalhar e crescer depressa." Com esses pensamentos em mente, tanto o departamento comercial como a equipe técnica vão dar o melhor de si.

Além disso, aqueles que pensavam em trabalhar apenas dentro do país começarão a dizer: "Precisamos estudar inglês e difundir nossas tecnologias de preservação ambiental no exterior" ou "As fábricas chinesas não têm tratamento para a poluição. A contaminação atmosférica é terrível, e a chuva ácida se tornou um problema muito grave. Precisamos exportar nossas tecnologias o mais rápido possível". Assim, você pode expandir seus negócios.

Sua filosofia de gestão não deve ser baseada em seus interesses pessoais

Como você pode ver, a coragem é indispensável para expandir seus negócios. E a fonte da coragem é o senso de justiça, que por sua vez se fundamenta na filosofia de gestão, como já mencionei. Sem estabelecer uma filosofia de gestão, não haverá senso de justiça.

Você deve fazer uma reflexão profunda e cuidadosa sobre sua filosofia de gestão e pensar: "Para que estamos trabalhando?". Se o propósito estiver relacionado meramente à ganância e aos interesses pessoais do CEO, não haveria razão para as pessoas se encantarem e se encorajarem com tal propósito. Ao elaborar sua filosofia de gestão, você precisa avaliar bem se não está fazendo tudo isso por interesses e desejos pessoais. A empresa não vai crescer enquanto seu pensamento não for direcionado ao interesse público, em vez de buscar satisfazer seus desejos pessoais.

Mesmo quando seu trabalho está voltado para o interesse público, pode haver mistura de impurezas. Embora acreditando ser um trabalho com objetivo público, pode haver vaidade, orgulho ou presunção como um gestor. Por isso, você precisa ver o que se passa em seu coração com transparência e sinceridade, o que há dentro do seu interesse público, pois, naturalmente, você pode cometer erros. Não seria tanto uma questão de interesses pessoais, mas, sim, um estado de altruísmo, ensinado pelo budismo desde tempos antigos. Quando seu ego é muito forte e surge o sentimento de autopromoção, sua visão fica turva e você passa a ver o mundo somente com base no que pode lucrar para si. Quando vê uma pessoa, não é capaz de enxergá-la como ela realmente é, mas apenas como ela pode lhe ser útil. Você vê seus concorrentes e a sociedade da mesma forma, e essa não é uma boa maneira de ser.

O budismo ensina o estado do "não ego". Diz-se que, quando você atinge esse estado, alcança *adarsa-jnana* (sabedoria do grande e perfeito espelho), um estado perfeito no qual você se sente como se fosse um grande espelho e vê o mundo como se o estivesse refletindo naquele grande espelho. Você não estaria errado se pudesse ver desse ponto de vista.

Nesse sentido, é preciso verificar se, mesmo sendo um desejo de servir ao interesse público, não há problemas nele. Por mais que você afirme que o crescimento da sua empresa visa beneficiar a sociedade, pode haver sentimentos de vaidade e hipocrisia em suas aspirações, ou até mesmo dissimulações, falsidades e mentiras.

Se você sabe da superioridade tecnológica de seus concorrentes e mesmo assim continuar afirmando que sua empresa tem a melhor tecnologia, isso é enganação. Se você achar que as outras empresas são mais qualificadas que a sua ou que elas têm produtos melhores que os seus, é importante fazer uma reflexão e se esforçar para desenvolver algo melhor. Apesar de anunciar que o ideal é fazer com que a tecnologia da sua empresa seja disseminada no mundo, se o concorrente lançar algo melhor é preciso admitir o fato com sinceridade. Não admitir e continuar dizendo que o produto da sua empresa é o melhor constitui a prova da interferência do seu ego. Desse modo, o ego pode estar presente até mesmo quando o interesse é público.

Em situações como essa, é preciso desenvolver um DNA organizacional que busque criar algo muito melhor. Sua filosofia de gestão não deve ser apenas uma obra para se gabar ou para fazer elogios à sua empresa. Deve haver nela um elemento que possibilite um progresso contínuo da empresa. É preciso que exista um desejo de autoaprimoramento, reflexão e crescimento pessoal e de todos. A filosofia de gestão não deve ser voltada exclusivamente para o crescimento. Deve haver um sentimento de realizar o desejo mais profundo do seu coração, com altruísmo e não ego, tanto no âmbito pessoal quanto no público.

A melhor gestão é condizente com a melhor religião

Para quem tem fé religiosa, a filosofia de gestão pode ser chamada de "ideal de Buda" ou "ideal de Deus". Para quem não é religioso, talvez seja o "ideal da humanidade", o "espírito altruísta em relação ao próximo" ou a "busca pela felicidade".

Para que não haja impurezas nesse sentimento, o CEO deve olhar atentamente para si e estar sempre pronto a reconsiderar suas opiniões.

Ressaltei a importância de "gerar a própria energia", do CEO "assumir total responsabilidade" e da "necessidade de coragem para fazer a empresa crescer". Também falei sobre o senso de justiça como fonte de coragem e sobre a filosofia de gestão como base do senso de justiça.

Enquanto você fizer as coisas por conta própria, sua empresa não crescerá muito, mas, se quiser expandir seus negócios em grande escala utilizando o potencial de muitas pessoas, você precisará estabelecer uma filosofia de gestão capaz de obter a dedicação de todos.

Para elaborar uma filosofia de gestão é importante dedicar bastante tempo ao amadurecimento de suas ideias. Nessa filosofia, você deve transcender o altruísmo e o não ego, incorporando o que poderíamos chamar de "ideal do universo". No final, você não deve pensar apenas nos benefícios de sua empresa de modo egoísta, mas sim ter como objetivo assumir uma parcela das leis do universo.

Nesse sentido, a melhor gestão é condizente com a melhor religião. Não haverá diferença entre gestão e religião.

Na religião, é necessário ter um objeto de devoção, que pode ser uma imagem sagrada ou as escrituras, por exemplo. Numa empresa também existe um objeto de devoção. A filosofia de gestão seria equivalente à doutrina básica de uma religião, enquanto o CEO funcionaria como o fundador dessa religião. Se o CEO compilasse seus discursos e escritos e os transformasse em material de leitura, isso seria equivalente às escrituras sagradas de uma religião.

Incentive os executivos a serem extensões do CEO

Uma vez que as palavras faladas desaparecem, quando uma empresa cresce, o CEO deve documentar os procedimentos e colocá-los à disposição dos funcionários. Devem ser instruções que permanecerão relevantes, não importa quantas vezes sejam ouvidas ou repetidas. Não basta criar produtos. O que importa é criar também conceitos.

Quando o CEO consolida seus conceitos e os divulga repetidas vezes na empresa, os diretores, executivos, gerentes e chefes de seção passam a compreendê-los tão profundamente quanto o CEO, e serão capazes de interpretar e transmitir esses conceitos aos seus subordinados. Desse modo, a empresa crescerá cada vez mais se o CEO puder criar uma filosofia de gestão e fazer com que seus executivos a dominem.

No entanto, se o CEO fizer apenas seu trabalho individual, o crescimento da empresa não irá além do alcance de seus olhos. O alcance desse crescimento vai depender também da competência do CEO; ou seja, se ele for capaz de supervisionar dez pessoas, então o crescimento será proporcional a dez; se for de cinquenta, será proporcional a cinquenta; se conseguir supervisionar cem, será proporcional a cem. Em casos raros, há quem consiga supervisionar cerca de trezentas pessoas, mas, é claro, a capacidade humana tem limites.

Portanto, o quanto um CEO pode fazer sua empresa crescer está diretamente relacionado à criação de "clones" de si mesmo. Para criar "clones" seus, o CEO precisa formar executivos capazes de tomar decisões com base nos mesmos conceitos do CEO.

Para isso, o CEO precisa estabelecer um alicerce para a tomada de decisão, semelhante às escrituras sagradas de uma religião. O gestor deve esclarecer sempre seus conceitos para os demais. Deve refiná-los e apresentá-los para que os executivos possam compreendê-los. Sem isso, não haverá como a empresa crescer.

Em geral, os gestores são versáteis. Numa empresa administrada pelo proprietário, o CEO costuma ser polivalente, seja em uma microempresa de poucos funcionários ou em uma com dez, cinquenta ou cem funcionários. Essa é uma característica positiva das empresas administradas pelo dono e, ao mesmo tempo, um fator limitante, pois o alcance do trabalho que a empresa pode realizar é limitado pela capacidade do próprio CEO. Assim, o passo seguinte é desenvolver um sistema no qual você não precise colocar as mãos em tudo. É por isso que é importante criar uma filosofia de gestão como foi discutido acima.

5

A luta contra os limites de capacidade

Num negócio em rápida expansão, alguns funcionários antigos se tornam obsoletos

À medida que a empresa cresce, aqueles funcionários que eram úteis no passado podem se tornar obsoletos a partir de determinado momento. Isso é lamentável, porém de uma certa maneira inevitável.

A capacidade humana tem limites, e quando a empresa cresce ultrapassando essa limitação humana, torna-se inevitável que algumas pessoas fiquem para trás em termos de capacidade. Com certeza, algumas empresas passarão por isso em algum momento.

Quanto maior for a velocidade de crescimento, maior será o número de trabalhadores obsoletos; então, será preciso substituí-los por outros funcionários. Novas circunstâncias exigirão pessoas com capacidades diferentes; portanto, o gestor deve estar bem consciente disso.

Por exemplo, aproveitando a onda do momento, a empresa lança um excelente produto, explode em vendas e cresce. Entretanto, se a empresa não estiver preparada de modo adequado para sua expansão, haverá funcionários ultrapassados em diversos lugares. Desse modo, é verdade que às vezes uma empresa acaba indo à falência porque suas vendas cresceram demais, que é o conceito de falência superavitária. Embora seja gratificante ter um produto que venda muito bem, quando o volume de vendas supera as expectativas, isso pode provocar falência superavitária devido à falta de preparo.

Nas empresas com rápido crescimento, alguns funcionários invariavelmente tornam-se inúteis; você deve ter ciência disso e encarar o fato com bastante frieza, caso contrário, os impasses na gestão serão inevitáveis. Em circunstâncias como essa surgem questões emocionais, pois um funcionário que era considerado o braço direito do CEO até cinco anos atrás, agora pode se tornar obsoleto.

Isso, na verdade, é sinal de crescimento da empresa. Se sua filosofia de gestão ou a causa nobre que a empresa defende é, por exemplo, resolver os problemas ambientais do país e você deseja realmente concretizar esse ideal, deve promover ou contratar profissionais mais competentes. Se você não fizer isso, não será capaz de um maior crescimento e seu desejo de solucionar os problemas ambientas do país acabará se tornando uma mentira.

Se você de fato possuir uma filosofia de gestão correta ou uma causa nobre, será capaz de tomar decisões e promover ou contratar pessoas com base em avaliações isentas de ego. Contudo, sem uma filosofia de gestão a empresa será apenas um grupo de pessoas com o interesse comum no lucro compartilhado entre elas. Nesse caso, haverá resistência daqueles que desejam proteger os próprios interesses e, em última análise, não haverá progresso.

Eis o momento de decisão. Enquanto a empresa permanece pequena, passando por exemplo de vinte para cinquenta funcionários, não haverá pessoas ficando para trás. Mas, se a empresa passar de vinte para cem, muitos dos trabalhadores ficariam obsoletos, e o mesmo se repetirá quando a empresa chegar a trezentos ou quinhentos.

O CEO também chega ao limite de sua competência

A obsolescência profissional não ocorre somente em função do aumento da força de trabalho, mas também quando o faturamento cresce. O primeiro obstáculo aparece quando o faturamento anual atinge cerca de 1 milhão de dólares.

Algumas empresas não conseguem ultrapassar a barreira de 1 milhão de dólares, não importa o que façam. Com certeza, o problema está na capacidade do CEO. A próxima barreira é um faturamento anual de 10 milhões de dólares. Quando essa barreira for ultrapassada, virá depois a de 100 milhões de dólares. São poucas as empresas capazes de ultrapassar a de 100 milhões. São realmente muito raras as empresas capazes de ultrapassar essa barreira.

Assim como o salmão nadando rio acima contra a correnteza, o número de empresas bem-sucedidas vai diminuindo continuamente a cada obstáculo sucessivo. As barreiras são o número de funcionários e também o faturamento anual.

Nesses momentos, como CEO você deve avaliar cuidadosamente se tem o talento necessário para ser o chefe de uma empresa com um faturamento anual de 1 milhão, 10 milhões ou 100 milhões de dólares. Se concluir que você não será capaz de expandir seu talento, talvez uma das opções seja viver dentro do alcance de sua capacidade.

Por outro lado, se você observar seu trabalho de forma objetiva e sem interferência do ego e concluir que ainda é capaz de crescer mais – como as indústrias automobilísticas ou de eletrodomésticos japonesas do período posterior à Segunda Guerra Mundial –, então procure mudar seus pensamentos com firmeza e troque sua velha pele por uma nova. Se não fizer isso, em breve irá enfrentar dificuldades.

Em ocasiões como essa, alguns dos funcionários que eram de sua confiança se tornarão obsoletos, e talvez você também chegue ao próprio limite de competência como CEO. Nas pequenas e médias empresas, o limite de crescimento em geral é causado pelo limite de competência do CEO.

Tanto o sucesso como o limite de crescimento podem ser atribuídos à competência do CEO. Como eu já disse, a capacidade é unicamente do CEO e, portanto, o limite da capacidade do CEO será atingido inevitavelmente.

Entretanto, existe uma atitude típica dos CEOs de não querer saber nem admitir e muito menos ser criticado pelo seu limite de capacidade. Eles não querem ouvir comentários negativos ou críticas.

Vamos supor que você está eufórico e orgulhoso porque sua empresa atingiu um faturamento anual de 3 milhões de dólares. Então, alguém lhe diz: "Por que tanta euforia? Muitas empresas faturam de 20 a 30 milhões anuais". Esse tipo de comentário vai deixá-lo muito irritado. A característica típica de um CEO é querer se vangloriar dentro do próprio castelo. E é por isso que ocorre a obsolescência do CEO.

Nas grandes empresas, é muito comum que diretores, gerentes e chefes de seção se tornem obsoletos. O mesmo pode ocorrer com o próprio CEO. Para evitar isso, você deve buscar sempre aquele estado ideal citado anteriormente do *adarsa-jnana* – a sabedoria do grande e perfeito espelho –, onde tudo se reflete. Você deve olhar para a imagem de si mesmo, da sua empresa e da sociedade, e buscar a maneira como você e sua empresa deveriam ser.

Se sua empresa está em condições de crescer mais, você deve se livrar da "carapaça" de CEO de uma empresa de 1 milhão de dólares e se tornar o CEO de uma empresa de 10 milhões de dólares. É preciso considerar quais são os tipos de pensamento e de comportamento apropriados para uma empresa de 10 milhões de dólares.

E para uma empresa passar de um faturamento de 10 milhões para 100 milhões, o CEO precisará ter um *insight* ou uma visão compatível com uma empresa de 100 milhões. Portanto, você deve abandonar seus pontos fortes antigos e substitui-los por novos. Caso contrário, não poderá mais permanecer como CEO. Tenha plena consciência disso.

Aqui surge mais uma vez a questão já mencionada da filosofia de gestão. Você estará lutando contra seu instinto de autopreservação perguntando-se: "Será que estou fazendo a coisa certa como CEO? Será que não estaria cometendo erros?". Quando você como CEO pratica a inovação, trocando de "carapaça" e crescendo continuamente, a empresa cresce; quando você chega ao seu limite, a empresa não consegue mais se expandir. Nesse momento, com base também em sua filosofia de gestão, você pode avaliar se é o momento de se aposentar.

A grande maioria, ou seja, cerca de 97% das empresas estão fadadas a não crescer muito. Assim como o caranguejo cava um buraco adequado ao tamanho de sua carapaça, algumas empresas conseguem crescer. No entanto, um pequeno número de empresas crescerá para um tamanho considerável. Sem dúvida, o CEO deve lutar constantemente contra o limite de suas habilidades. Nesse sentido, ocupar essa posição faz você ter uma motivação de vida, mas, ao mesmo tempo, é muito desafiador.

Até os mais renomados gestores chegam ao limite de sua capacidade

Mesmo que, aos olhos de pessoas comuns, alguns renomados gestores no Japão não parecessem ter um limite para sua capacidade, na verdade, eles também tinham limites.

Por exemplo, Soichiro Honda, fundador da Honda Motor Company, foi um herói de sua geração. Mesmo ele tinha um limite para a sua capacidade. Ele possuía conhecimentos em mecânica, mas não em eletrônica. Quando chegou a era da eletrônica, ele percebeu que não seria capaz de acompanhar a evolução e se aposentou rapidamente. Ele percebeu que seu tempo havia acabado: "Já não dá mais. Para atuar neste ramo, é preciso ser alguém com novos estudos acadêmicos".

Konosuke Matsushita, o fundador da Panasonic, jamais se tornou obsoleto em toda a sua vida. Mesmo assim, em seus últimos dias, ele disse: "Já não consigo mais entender os produtos da minha empresa". Sem dúvida, isso deve ter acontecido. Alguém com o conhecimento que remonta à época em que o plugue de dois pinos foi inventado não compreenderia de forma alguma os produtos avançados e de última geração que estavam sendo produzidos na época.

E também Masaru Ibuka, o fundador da Sony, montou sua empresa com a tecnologia do rádio, que era o seu *hobby*, e a fez crescer rapidamente. Em seus últimos anos, ele dedicou seu tempo à educação infantil e à criação de um centro de pesquisa de poderes paranormais. Ele afirmava: "Sem os poderes paranormais não haverá desenvolvimento. O século XXI será o século da paranormalidade!".

Na Sony, seus funcionários diziam: "Nosso fundador está ficando velho e um pouco senil. Mas nada podemos fazer, pois ele é o fundador. Vamos deixá-lo se divertir, desde que não leve a empresa à falência". Assim, Ibuka pôde fazer o que quisesse.

Não acho que suas ideias fossem tão absurdas. Ele fundou a empresa e inventou as máquinas, mas, com o passar dos anos, provavelmente percebeu as limitações de seus produtos. Ele pensou: "Por mais que as máquinas evoluam, isso não vale nada se o coração humano se degenerar".

Assim, ele voltou sua atenção para a medicina oriental e os poderes psíquicos. Ele estudou coisas como o *qi* do *qigong*³⁵. Embora pareça um absurdo, não é bem assim. Isso existe de fato. A medicina oriental, em particular, é realmente útil.

A maioria das pessoas que se tornam imersas demais em coisas mecânicas e acostumadas com a tecnologia ocidental nega a existência de coisas como *qi* e poderes psíquicos. Por conseguinte, Ibuka pensou que isso levaria a um limite no progresso humano. Contudo, seus funcionários foram incapazes de ouvir os argumentos do fundador. É um sinal de que a empresa havia crescido demasiadamente.

Desse modo, embora o espírito original com que uma empresa foi fundada possa continuar, à medida que o tempo passa e a empresa continua crescendo, diferentes competências serão necessárias. Isso é algo que você deve levar em consideração.

Delegar e avaliar resultados são as novas competências necessárias

Apenas menos de 1% das empresas chega ao ponto de crescer tanto. Mesmo assim, quando há um crescimento

---

35 *Qi* (*Chi*), em chinês, significa energia; *gong* (*Kung*) significa método, mobilização ou prática. O termo *Qi Gong* se refere a um ramo da medicina tradicional chinesa que usa a energia sutil do corpo (*Qi*) para tratar doenças, promover a saúde e a longevidade, melhorar as habilidades de luta, alcançar diferentes níveis de consciência e desenvolver a espiritualidade. (N. do E.)

além do esperado, o CEO precisa, em primeiro lugar, se esforçar para permanecer como CEO, inovando sua capacidade. Mas, se o CEO perceber que é incapaz de acompanhar o ritmo, deve encontrar um modo de delegar as tarefas aos seus subordinados. Você precisa adquirir a competência ou a virtude que lhe permita utilizar o potencial das pessoas.

Mesmo que você desconheça detalhes técnicos, deve ser capaz de avaliar a capacidade ou o caráter da pessoa que está comandando o trabalho, saber se pode contar com ela.

Além disso, mesmo quando for um trabalho de sua competência, agora você vai precisar concentrar sua energia em avaliar os resultados da tarefa delegada, uma vez que você não mais a executará pessoalmente.

Embora você possa ficar aborrecido quando perceber que seu subordinado não é capaz de fazer o serviço tão bem quanto você, agora deve delegar as tarefas aos poucos e mudar sua competência para estabelecer metas e avaliar os resultados. Assim, o conteúdo do seu trabalho irá mudar.

Soichiro Honda costumava fazer inspeções na fábrica, mesmo quando a empresa já era gigantesca. E quando encontrava um problema, reclamava com o operário: "Você não sabe fazer um furo para encaixar um parafuso?". Se o jovem operário retrucasse, dizendo que só o CEO seria capaz de ensinar, ele respondia: "Tudo bem, vou mostrar a você!". Então, entrava embaixo do veículo e fazia o furo com a furadeira.

Com certeza, ele ainda se lembrava de como fazia aquilo no passado, mas, em geral, uma empresa em crescimento acaba chegando ao estágio em que esse tipo de habilidade por si só não será mais suficiente. Você precisa pensar em como o conteúdo do trabalho muda conforme o tamanho da empresa. No início, você mesmo deve fazer o trabalho sozinho, porque não há ninguém para fazê-lo por você. Porém, à medida que os procedimentos são estabelecidos, torna-se importante delegar as tarefas aos demais.

O passo seguinte é avaliar os resultados das tarefas delegadas e empregar sua energia para descobrir como melhorar ainda mais os resultados. Seu trabalho passa a ser delegar tarefas e avaliar os resultados dessas tarefas técnicas. Em vez de pensar em como você mesmo executaria a tarefa, sua função será de pensar em como fazer com que seus funcionários se saiam ainda melhor.

Expanda seu potencial para poder comandar profissionais de alta competência

Além de melhorar os resultados dos seus subordinados, você precisa aumentar o seu potencial para poder comandar pessoas de alta competência. Numa empresa em crescimento, pessoas competentes continuam chegando, desde o CEO até os diretores, gerentes e coordenadores, criando uma acirrada competição de habilidades.

As coisas não vão dar certo naquele momento se, por exemplo, o chefe de departamento tiver inveja do chefe de seção. Muitos novos profissionais competentes ingressaram porque a empresa cresceu desde a época em que o chefe de departamento era chefe de seção. Quando há um clima negativo na empresa no qual o superior hierárquico tem inveja do subordinado, a empresa não pode avançar para o próximo nível.

O crescimento da empresa implica ter profissionais competentes, até chegar um momento em que um superior hierárquico não vai mais conseguir vencer os subordinados em termos de conhecimentos e técnicas especializadas. Entretanto, mesmo que os novatos ou os mais jovens tenham mais conhecimentos nas áreas técnicas, basta o superior hierárquico ter uma força maior no sentido geral. Esse é o sentimento que devemos ter.

O progresso mecânico é fenomenal, e isso deve ser penoso para os gestores com mais de 60 anos que trabalham em grandes indústrias. Tudo está diferente em relação ao passado. Os conhecimentos adquiridos nos livros didáticos se tornaram quase inúteis. Voltar a adquirir novos conhecimentos é muito difícil. O número de atividades que você não entende ou não pode fazer só aumenta à medida que sua empresa cresce ou você ascende na carreira profissional.

Enquanto sua empresa é de pequeno ou médio porte, você pode se sentir um profissional polivalente e competente devido à grande lacuna de habilidades entre você e seus funcionários; porém, com o ingresso de novos profissionais com conhecimentos e técnicas altamente especializadas, agora você é quem deve comandá-los, e esse é um assunto sério.

Será que você é capaz de suportar sua condição de ignorância e incompetência e, ao mesmo tempo, gerar bons resultados? Eis o desafio. É nesse momento que o *know-how* de gestão faz a diferença, e é preciso ter experiência para adquiri-lo. Conhecimento e experiência em gestão só podem ser obtidos por meio de vivência real. Por mais que você seja um engenheiro competente, enquanto não assumir a posição de gestor não terá como adquirir *know-how* de gestão.

Engenheiros também podem se tornar gestores exemplares

Em geral, os engenheiros não têm vocação para se tornarem gestores. Porém, se observarmos o Japão do pós-guerra, veremos que excelentes gestores eram quase todos formados em engenharia. Novas tecnologias estão em constante desenvolvimento, de modo que um engenheiro que tenta sobreviver contando apenas com a sua técnica aos poucos se tornará incapaz de trabalhar. Por outro lado, ele não pode estudar as novas tecnologias com universitários recém-graduados. Diante desse quadro, você deve inovar-se para permitir que aqueles profissionais que possuem o *know-how* e novos conhecimentos trabalhem com liberdade e avancem no desenvolvimento de novas tecnologias, explorando todo o seu potencial. Assim, você deve preparar o terreno e o ambiente propícios para que gerem resultados. Somente as pessoas que aplicarem a energia nesse sentido e se transformarem em gestores serão capazes de fazer a empresa crescer e se tornar gestores de origem técnica.

Se, em vez disso, esses engenheiros fossem obcecados apenas por tecnologia, a empresa não conseguiria crescer. Aqueles que perceberam seus limites e migraram em busca de caminhos viáveis, superando as barreiras da ignorância e da incompetência, conseguiram sobreviver.

Por exemplo, suponha que você encontre o engenheiro responsável pelo desenvolvimento do enorme e complexo equipamento utilizado em um foguete espacial e diga a ele que você inventou o plugue de dois pinos. Com certeza, o engenheiro vai dar gargalhadas e lhe dizer: "Talvez esse produto tenha sido uma grande invenção naquela época, mas os tempos mudaram".

O mundo da tecnologia está em constante progresso. Os itens mais recentes são sempre mais avançados, então não podemos dizer que os mais antigos são melhores. No caso da religião, muitas coisas antigas são superiores, mas no mundo da tecnologia, o mais novo é sempre melhor.

O mesmo se aplica à medicina. Se o pai e o filho de uma mesma família forem médicos, as brigas podem ser comuns, porque as informações em seus livros didáticos são completamente diferentes. As diferenças são intransponíveis e inevitavelmente o filho dirá que os conhecimentos do pai estão ultrapassados.

No campo da tecnologia ocorre algo semelhante. Os tempos mudam, e as coisas antigas estão ficando totalmente obsoletas. Isso é algo que você deve aceitar. Considerando o progresso diário nos tempos atuais, nada durará por uma geração inteira, ou seja, trinta anos. É possível que nem dure uma década.

Você deve continuar a estudar e absorver novos conhecimentos à medida que a tecnologia avança; mas, se você olhar para o ritmo atual de progresso, nem assim será possível acompanhar. Nessas ocasiões, vão surgir pessoas mais jovens com maiores habilidades; então, sua energia deve ser redirecionada para que essas pessoas trabalhem com liberdade e possam gerar resultados.

Descubra sua capacidade e seu destino e lute pelo seu ideal

O gestor que falhar nesse tipo de inovação deve deixar claro que irá se aposentar. Se sua empresa tiver uma filosofia de gestão como a que mencionei antes e se ela for de interesse público, você deve rever se sua capacidade poderia estar sendo o limite da empresa. E, se isso estiver acontecendo de fato, procure restringir sua área de atuação ou se aposentar. Você precisa considerar essas opções.

Todos os CEOs são nobres, mas, em algum momento, o limite da capacidade chega para cada um.

Um gerente de loja pode ser muito bom no que faz, mas quando a loja cresce e abre duas, três, cinco ou dez filiais, fica cada vez mais difícil supervisionar todas elas. O gestor pode ser muito forte em gerenciar pessoalmente uma loja, mas incompetente quando seus olhos não conseguem ver tudo diretamente. Ele começa a falhar nas decisões tomadas com base em relatos feitos por pessoas sob seu comando.

Por mais que você seja um gênio inspirado nas suas ações quando gerencia pessoalmente uma loja, talvez precise de outro tipo de *know-how* quando forem abertas várias filiais e você tiver de gerenciá-las por meio de outras pessoas. Esse é um ponto muito difícil.

Se você não conseguir realizar esse tipo de inovação, sua empresa não crescerá. Hoje, nem sempre vale a pena fazer a empresa crescer. Você pode se especializar na defesa, o que também é uma boa opção. Reduzir a escala é também um caminho. É importante conhecer seus limites e seu destino e, assim, lutar pelo seu ideal.

Abordei muitos aspectos da teoria de alta gestão. Espero que sirvam de referência.

Seção de perguntas e respostas

1. Dicas para compreender as necessidades do cliente

Pergunta:
Tendo em vista que as condições atuais da gestão empresarial são árduas, acho que é importante descobrir como captar as necessidades dos clientes. Eu gostaria de receber alguns conselhos ou dicas para descobrir as necessidades do cliente.

Tenha sempre o espírito de busca

Ryuho Okawa:
Com certeza, isso é algo que todos gostariam de saber. Compreender isso é ter algo de um valor inestimável. Se houvesse um seminário que ensinasse maneiras garantidas de entender as necessidades dos clientes, esse seminário provavelmente valeria no mínimo 1 milhão de dólares.

Compreender as necessidades dos clientes pode estar de certa forma relacionado com o destino ou com a sorte que mencionei neste capítulo. Quem tem sorte descobrirá rapidamente as necessidades de seus clientes. Também podemos nos referir a isso como sendo uma inspiração ou intuição do gestor. Aqueles que têm inspiração positiva, que são capazes de notar as coisas um ou dois anos antes dos outros, são abençoados pela sorte.

A base dessa sorte é a inspiração. Existem pessoas que veem a mesma cena que pode ter sido inspiradora para alguém, mas não têm nenhuma inspiração. O importante é o que você sente. O que você sente quando anda de trem ou de ônibus? E quando anda pelas ruas? O que você sente quando assiste a um comercial de tevê? E quando assiste a uma novela na tevê? O que você sente quando lê um livro? O que você sente quando lê um livro da Happy Science sobre teorias de sucesso e de gestão?

Alguns gestores podem ler um livro e achar algo inspirador, enquanto outros não encontram nada no mesmo livro. Isso não é culpa do autor. Algumas pessoas detectam uma necessidade ao ler um livro, enquanto outras não descobrem nada. É nesse ponto que a sorte do gestor entra em cena. Na base da sorte está a inspiração; por isso, o importante é em que se inspirar. Esse é o poder do espírito guardião de cada um e também do espírito guia de elevada espiritualidade. Portanto, para descobrir quais sãs as necessidades é preciso ter sorte – e a base da sorte é a inspiração.

Então, afinal, como posso obter inspiração? Dentre as inspirações, naturalmente, há casos em que elas surgem a partir da fermentação das coisas armazenadas no nosso cérebro. Assim, visto por esse ângulo, o importante é manter sempre o espírito de busca.

Aqueles que estão sempre procurando uma necessidade são capazes de identificá-la, mas quem não está em busca não percebe nada. As inspirações surgem de repente para quem está em constante busca. Portanto, o importante é continuar buscando. As inspirações virão para aqueles que procuram identificar em diferentes oportunidades as necessidades dos clientes. Ou seja, para quem está sempre pensando durante qualquer situação, seja enquanto vê tevê, ouve rádio, caminha pelas ruas ou toma banho, as inspirações aparecem.

As inspirações vêm inclusive a partir de coisas que estão dentro do nosso cérebro, e essa é uma capacidade que desenvolvemos neste mundo terreno. Além disso, quando nos mantemos atentos a determinado tema, podemos ser inspirados por informações que lemos em algum texto ou por algo que ouvimos. Em suma, é importante ter a atitude de manter-se em busca constante. Esse é o primeiro ponto.

Como receber conselhos do Mundo Celestial

Existe ainda algo mais relacionado à atitude de uma pessoa em continuar buscando: a oração. A resposta vem para quem ora, mas não para quem não ora. Essa é a verdade, mesmo que você ache injusto. Isso é logo percebido por quem tem poderes espirituais como eu. Quando você ora, um anjo aparece e tenta ajudá-lo, mas, se você não orar, ele não virá. Os anjos também são ocupados; então, eles deixam que cada um decida se precisa ou não de ajuda. Assim, eles não interferem quando não são chamados pelas orações.

Você pode ter certeza de que suas orações aos anjos serão atendidas, mas nada acontecerá se você não orar. Mesmo uma entidade espiritual que raramente vem em seu auxílio virá quando você chamar seu nome e orar. Isso realmente acontece.

Em suma, naturalmente existem inspirações que vêm do Mundo Celestial. Dentre os competentes CEOs das últimas décadas que já partiram deste mundo, há muitos que desejam transmitir seus legados e *know-how* para os empreendedores deste mundo. Esses espíritos aconselham espiritualmente aqueles que estão sempre aprimorando suas ideias de gestão e buscando inspirações.

Uma das características do Mundo Espiritual é a possibilidade de visualizar o futuro mais rapidamente do que neste mundo. No Mundo Espiritual, com frequência se consegue antever o que está por vir. Como já mencionei antes, uma das formas é descobrir as coisas por conta própria mediante a busca; outra forma é receber conselhos do Mundo Espiritual enquanto realiza uma busca contínua.

Com relação aos métodos para receber conselhos do Mundo Espiritual, primeiro você deve buscar com seriedade. Em seguida, deve estar com o coração livre de impurezas. A busca deve ser isenta de ego, ou seja, quando você desejar trabalhar em prol do próximo e do povo e com um coração altruísta, a resposta virá. Mas, se você estiver desejando luxo ou fama de forma egoísta, os conselhos celestiais não virão. Ao contrário, os conselhos podem vir dos demônios.

É por isso que a gestão empresarial exige a prática de aprimoramento espiritual e religioso. No mundo terreno, é importante não esquecer de se esforçar ao máximo; por outro lado, nos exercícios de aprimoramento espiritual nos templos da Happy Science, se você pedir sem egoísmo o apoio do Mundo Celestial, receberá merecidos conselhos. Você precisa criar por conta própria essas oportunidades.

A Happy Science é uma religião capaz de receber conselhos de quaisquer gestores empresariais que retornaram ao Mundo Celestial, exceto daqueles que estão no Inferno. Portanto, se for necessário, você certamente receberá conselhos de diversos seres espirituais.

Um CEO no mundo espiritual que seja da classe dos *bodhisattvas* está mais do que disposto a ajudar os seres humanos. Se uma empresa estiver à beira da falência ou um CEO deseja fazer sua empresa crescer, esse tipo de espírito desejará dar conselhos. Para receber esses conselhos, você precisa estar preparado como um receptor. E na Happy Science você encontra muitas oportunidades de seminários voltados para gestores. Por ora, deixei aqui registrados alguns conceitos gerais.

2. Os segredos da inovação

Pergunta:
Na atual conjuntura de grandes transformações sociais, acredito que a inovação é necessária para que as empresas se adaptem e continuem crescendo. Por favor, eu gostaria de receber orientações práticas sobre o que devo levar em conta ao me esforçar para fazer inovações contínuas ou ainda sobre os segredos da inovação.

Esta é a era regida pela velocidade

Ryuho Okawa:
Na atual conjuntura da gestão empresarial, podemos ver que a competição gira em torno da velocidade. As condições estão mudando depressa. Seria ótimo se os mesmos modelos de celulares, aparelhos de tevê e computadores pudessem ser vendidos por uma ou duas décadas, mas novos produtos aparecem logo em seguida e os antigos rapidamente se tornam obsoletos. O ciclo de vida dos produtos é muito curto, a ponto de muitos dispositivos se amontoarem em pilhas de sucatas, causando problemas ambientais.

No passado, as empresas com capital elevado ou grande número de funcionários eram fortes, mas hoje não é mais assim. Empresas fortes são aquelas que têm alta velocidade de transformação. Como as grandes empresas em geral mudam lentamente, surgiu uma forte tendência a considerar uma desvantagem o fato de uma empresa ser de grande porte. Quanto maior o porte da empresa, mais esforços deverá fazer para aumentar sua velocidade de transformação, caso contrário sua derrota será inevitável. Essa afirmação também pode ser vista como uma equação; portanto, é de suma importância aumentar a velocidade de transformação.

Observando a relação entre velocidade de transformação e os resultados reais, se, por exemplo, uma empresa conseguisse lançar em um ano um novo produto que normalmente o mercado levaria dois anos para desenvolver, a relação em termos de velocidade seria de 2 para 1. No entanto, em termos de impacto real no mercado, essa proporção seria de 4 para 1, ou seja, teria um efeito ao quadrado. Se a velocidade fosse três vezes maior, o impacto seria de 9 para 1. A diferença é gigantesca.

Portanto, é fundamental reduzir o tempo. Por outro lado, há o dilema: "quanto maior a empresa, mais lenta ela é". Praticamente nenhuma empresa consegue ser grande e ágil ao mesmo tempo. Assim, aquele que conseguir resolver essa equação, quase intransponível, será um campeão absoluto.

As pequenas empresas podem ter velocidade, mas, em compensação, sua administração não é muito estável. Há uma grande probabilidade de que seus negócios sejam parecidos com os jogos de azar.

Primeiro, você precisa estar ciente de que vivemos na era regida pela velocidade. Os lentos vão perder. A única maneira de você acompanhar as mudanças da época atual é buscar agilidade de modo incessante, pois sem isso não há vitória.

Seja firme ao proteger o que não deve ser mudado

É importante perceber que entramos numa era de inovação. Mas, se dependermos somente disso, não teremos estabilidade no coração nem paz de espírito. Portanto, embora você tenha consciência de que tem de mudar constantemente, também precisa se agarrar às coisas que não devem mudar. Do contrário, não conseguirá uma prosperidade duradoura.

Temos de buscar coisas na empresa que devem ser mantidas. Se você não for firme para defender o que não deve ser mudado, sua mente ficará abalada e você perderá a estabilidade espiritual. Se tudo for alvo de uma transformação desordenada e indisciplinada, esse será também um caminho para a destruição.

Por exemplo, será que bastaria trocar a estrutura de uma antiga pousada japonesa, famosa e tradicional, por uma estrutura metálica para conquistar o sucesso? Com certeza não. Então, você precisa se empenhar para preservar o que não deve ser mudado.

Por mais que o mundo mude, é preciso ser inflexível para preservar aquilo que deve ser mantido, como os valores empresariais ou a filosofia de gestão.

Procure conciliar rapidez e precisão

Você deve observar como os negócios e as necessidades das pessoas mudam; então, é importante que você assuma a dianteira e ponha em prática a gestão baseada no tempo, transformando as partes que acha que podem ser modificadas. E, para isso, precisa investir de forma contínua e diligente em pesquisa e desenvolvimento.

Um CEO deve saber que o recurso de gerenciamento mais escasso hoje é o tempo. O recurso empresarial mais precioso não é dinheiro, nem o número de funcionários, nem fábricas ou matérias-primas: o maior recurso empresarial é o tempo.

Aqueles que se concentram em acelerar o tempo são os que terão mais sucesso no mundo de hoje. Essa é a perspectiva que você deve ter.

Pode-se dizer que qualquer empresa que trabalhe em ritmo acelerado irá crescer. Claro, não é bom ser rápido e descuidado. O trabalho executado depressa geralmente também é malfeito. E é comum que o trabalho lento seja bem-feito. Ambos são normais. Vencerão as empresas que souberem conciliar essas características opostas, ou seja, que forem rápidas e ao mesmo tempo precisas.

Ser lento e descuidado com certeza é um caminho que leva ao fracasso. Essa empresa desaparecerá pela lei da seleção natural. As lentas, mas precisas, estão no limite da sobrevivência, quase sendo extintas. O destino daqueles que são lentos e desleixados é serem extintos por completo.

No caso de ser rápido e malfeito, você pode até obter lucro numa venda rápida ao mostrar os pontos bons, porém, não se pode esperar um desenvolvimento estável. Com essa forma de atuação, você não terá como ampliar suas relações comerciais estáveis e, por conseguinte, quando surgir um concorrente que faça um trabalho minucioso, sua derrotada será inevitável. Se sua empresa ganhar fama de que é rápida, mas é desleixada e comete muitos erros, não demorará muito para que você desapareça.

A empresa que for capaz de conciliar essas condições contraditórias sendo rápida e, ao mesmo tempo, precisa e minuciosa, conquistará uma espécie de virtude empresarial.

Além disso, o gestor também precisa conciliar o que deve ser mudado e o que não pode ser mudado, como mencionei antes.

3. Critérios para iniciar um negócio de sucesso

Pergunta:
Hoje, com várias mudanças ocorrendo no ambiente empresarial, muitas pessoas pensam em deixar o emprego e abrir o próprio negócio, uma vez que está ficando difícil trabalhar a vida toda na mesma empresa. Assim, eu gostaria de lhe pedir conselhos sobre o que é mais importante ter em mente ao iniciar um negócio.

As características de personalidade e os talentos exigidos estão mudando

Ryuho Okawa:
Esta pergunta está também relacionada à anterior. Hoje, está havendo uma inversão de valores no que diz respeito às características de personalidade e aos talentos considerados positivos no período de rápido crescimento econômico. Várias grandes companhias no Japão que hoje estão falindo foram empresas famosas no passado e para as quais todos gostariam de trabalhar.

A causa disso está na mudança do perfil exigido dos profissionais. Aquelas empresas exigiam que seus funcionários tivessem um bom desempenho, trabalhassem de forma estável e por um longo período de tempo. Mas, como expliquei em minha resposta à pergunta anterior, essas empresas não exigiam que os funcionários acelerassem o trabalho.

Introdução à Alta Administração

No Japão, os indivíduos eram contratados aos 22 anos, trabalhavam por quarenta anos e se tornavam diretores em torno dos 60 anos. Assim, quem subia por meio de um processo lento e gradual tinha mais chance de sucesso. Quem tinha muita pressa para ser bem-sucedido era excluído do sistema. Todos aqueles que quisessem conquistar a autorrealização em menos de cinco anos caíam e acabavam abrindo o próprio negócio.

Normalmente, o funcionário que tinha uma ascensão profissional lenta, acreditando que estava num ritmo adequado para se tornar diretor aos 60 anos, permanecia na empresa. No entanto, aqueles que iam muito devagar desapareciam, enquanto os muito rápidos eram derrubados. As empresas tinham em vigor uma espécie de velocidade de ascensão como essa. Por isso, nem sempre as grandes empresas recrutavam candidatos com alto nível de competência. Quem conseguia suportar a velocidade de subida era considerado competente.

Naquela época, quando pessoas capazes de se adaptar às rápidas transformações ingressavam na empresa, com frequência eram malvistas e dispensadas. Os superiores pediam para elas se demitirem antes que causassem danos à empresa, ou então elas eram postas de lado e abandonadas, pois os funcionários ao seu redor não suportavam profissionais daquele tipo. Entretanto, as coisas mudaram desde a época em que uma pessoa era chamada de "competente" e valorizada por levar décadas para conquistar a autorrealização.

Com a mudança, os perfis requeridos também mudaram. As capacidades requeridas hoje são justamente aquelas que antes eram desvalorizadas; a tendência atual é valorizar esse tipo de pessoa.

No passado, era normal que os bons profissionais levassem cinco ou dez anos para gerar resultados. Hoje, o período em que os resultados são avaliados encurtou a tal ponto que não chega a três anos. Em algumas empresas, não se espera nem um ano. Se os resultados não aparecerem em um ano após assumir uma nova posição, a pessoa já é qualificada como "incompetente". A velocidade está muito alta.

Você deve ser mais competente do que os funcionários de elite

Esse tipo de avaliação está sendo feito inclusive em grandes empresas. Quem pensa em se tornar independente e começar o próprio negócio deve ser mais competente do que os funcionários que podem ser bem-sucedidos nessas empresas. Caso contrário, não terá sucesso como empreendedor. Quem não tiver essa capacidade deve permanecer trabalhando em alguma empresa, pois a chance de sucesso é maior.

No passado, dizia-se que, no Japão, menos de um em cada cinco indivíduos conseguia ser bem-sucedido como empreendedor independente. Num período de recessão, essa proporção é ainda menor. Se você pretende abrir um negócio deve ser capaz de superar a probabilidade de um em dez ou um em vinte.

Portanto, não se pode dizer que o empreendedorismo vale a pena para todos. É um fato que a sociedade japonesa alcançou hoje um alto nível de fluidez, então talvez a mudança de emprego tenha se tornado mais comum do que abrir um negócio.

Para as pessoas competentes, talvez a principal opção seja o empreendedorismo; se o negócio fracassar, a pessoa pode procurar uma recolocação.

Se você deseja iniciar o próprio negócio, deve ser capaz de pensar e agir mais rapidamente do que aqueles colegas seus de empresa considerados de elite. Somente serão bem-sucedidos como empresários aqueles que, enquanto eram funcionários de uma empresa, achavam muito difícil trabalhar em um ritmo lento. Aqueles que apresentam apenas ideias suficientes para serem úteis no trabalho de seu departamento não devem ingressar no empreendedorismo.

Por exemplo, vamos supor que você seja designado para um departamento e perceba que aquele setor não será capaz de usar suas ideias, mesmo depois de dez anos.

Além disso, vamos supor que você fique interessado nas tarefas de outros departamentos ou em outros ramos de atividade. Se você for esse tipo de pessoa, pode muito bem ter sucesso no empreendedorismo.

Poderíamos dizer que estamos numa época em que mesmo as pessoas que costumavam ser rotuladas como aquelas que não conseguem ficar paradas têm chance de sucesso.

Em outras palavras, as pessoas com as caraterísticas a seguir são as mais propensas a ter sucesso ao abrir um negócio. Primeiro, pessoas que têm capacidade de criação e planejamento e de dar muitas ideias em diversas áreas. São pessoas capazes de ter um raciocínio horizontal – ou seja, elas cavam buracos em diversos lugares, além de fazer um buraco vertical – e apresentam diferentes ideias que não estão relacionadas entre si.

Em seguida, as pessoas aptas ao sucesso são aquelas que pensam e agem com uma velocidade muito maior do que seus colegas da empresa.

Entretanto, lembre-se de que o índice de sucesso pode ser inferior a um décimo; se fracassar, recomendo buscar a recolocação em outra empresa. O fracasso em abrir o negócio próprio significa que você precisa de alguém com uma competência de gestão maior que a sua para lhe indicar o caminho.

A capacidade de gestão só é comprovada na prática

A capacidade de gestão é, em grande parte, um talento inato. Uma parte vem dos esforços da pessoa, mas o componente inato tem um peso grande. De qualquer maneira, só é possível saber se uma pessoa tem competência de gestão na prática. Por isso, essa é uma questão delicada. É impossível determinar de antemão, por meio de um teste acadêmico, se alguém tem qualificação para gestor empresarial.

Enquanto você não tiver a chance de atuar como presidente, nunca vai saber se irá levar a empresa à falência. Não há como saber se você tem capacidade gerencial se não tiver a oportunidade de praticá-la. Ao ver os resultados, você poderá fazer uma avaliação, mas não antes.

Isso não se aplica apenas aos CEOs. Da mesma forma, você não conhecerá a capacidade de gestão dos gerentes e chefes de seção se eles não tiverem a oportunidade. O mesmo vale para diretores. Em grandes empresas japonesas, muitos dos diretores em geral são demitidos dois anos depois de terem assumido o cargo. Dizem que os gerentes promovidos à diretoria fracassam em 30% a 40% das vezes.

Vemos muitos casos de gerentes que são competentes em seu cargo, mas falham quando são nomeados para a diretoria. Isso não significa necessariamente que foi um erro promovê-los, pois não há como saber se eles terão sucesso até que sejam designados para aquela posição.

Quando gerentes com competências equivalentes são promovidos à diretoria, alguns serão bem-sucedidos, mas de 30% a 40% fracassarão. No entanto, a promoção em si não foi um fracasso. A incompetência só foi identificada por terem sido promovidos; além disso, alguns foram competentes como diretores. Quando adquirem competência se tornam diretores plenos, depois diretores sêniores e, por fim, presidentes. E isso só é possível saber quando assumem essas posições.

Portanto, não há nenhum teste para medir a capacidade de abrir uma empresa de risco e saber se vai ser bem-sucedida ou não. Somente na prática saberemos se a pessoa terá sucesso ou será eliminada por seleção natural.

Claro, algumas pessoas conseguem se fortalecer e adquirir competência durante o exercício do cargo. Contudo, em geral, a competência de gestão é um talento inato. Por esse motivo, pessoas sem talento fracassam, não importa quantas vezes tentem.

Contudo, isso não é algo que você possa saber de antemão. Uma vez que você só pode avaliar com base em resultados reais, o julgamento virá sempre depois do fato. Não importa se a avaliação é feita por um renomado cientista ou um empresário bem-sucedido, o resultado será o mesmo. Seja qual for o período de avaliação, não há absolutamente nenhuma maneira de saber se uma pessoa será bem-sucedida ao abrir uma empresa a menos que ela tenha a chance de fazê-lo. Se essa pessoa acredita em seu sucesso, deve tentar. Se ela tentar e fracassar, terá de mudar de ocupação.

No zen-budismo, isso é "conhecer o quente e o frio". Você não pode determinar se a água está quente ou fria a menos que coloque a mão nela. Você não saberá disso, mesmo que outras pessoas o digam. Só colocando a própria mão na água para saber se está quente ou morna. Há coisas que só a vivência permite saber.

No empreendedorismo, existem muitos fatores incertos que são impossíveis de prever. O ambiente de gestão pode mudar, os produtos de sucesso podem mudar de forma, e mesmo acertando no lançamento de um produto, o segundo pode ser um fracasso. Enfim, há muitos riscos.

Consulte alguém que o conheça bem

Além disso, antes de iniciar um negócio você deve consultar alguém que o conheça bem. É bom conversar com diferentes pessoas, como familiares, amigos e colegas da alta gestão. De modo geral, você vai ouvir opiniões distintas. Se todos forem unânimes em dizer que você não serve para ser empresário, talvez seja verdade.

Mesmo que você ouça o que as pessoas têm a dizer, talvez sua decisão seja diferente das opiniões diversas. No final, você deve assumir a responsabilidade por si mesmo, mas vale a pena ouvir o que cada um tem a dizer até que você se convença.

Quase sempre as opiniões serão divididas. Se todos disserem que você será bem-sucedido ou irá fracassar, é provável que em ambos os lados haja algo errado.

É natural que existam opiniões diferentes, por isso seria estranho chegar a uma conclusão muito clara. Seria estranho se todos pensassem que você seria bem-sucedido no empreendedorismo, mas continuasse assalariado por muitos anos.

Os colegas de trabalho certamente poderiam já ter comentado durante muitos anos: "Aquele cara vai largar a empresa e ser independente. Ele não vai ficar na empresa até a aposentadoria". Ouvir as opiniões das pessoas ao seu redor é bom, mas, no final, a decisão deve ser somente sua.

Hoje, a taxa de sucesso no Japão caiu para menos de um em cada dez indivíduos. Você pode tentar iniciar o próprio negócio se não estiver satisfeito com o trabalho em sua empresa atual. Porém, se descobrir que não tem capacidade de gestão, deve voltar a trabalhar em alguma empresa, mesmo que o deixe com o orgulho ferido. É melhor ter consciência de que menos de uma em cada dez pessoas possui competência de gestão.

Para saber se você tem ou não essa capacidade, a avaliação só será possível se você tentar.

Posfácio

Seja rigoroso consigo. Mantenha-se de prontidão. Corte os gastos desnecessários. Porém, mesmo com tudo isso, algumas empresas não sobrevivem. Como escapar dos dez anos de recessão causados pelo governo Hatoyama e Ozawa[36]? Minha mente está concentrada nesse problema. Uma economia livre dentro de um regime socialista é como uma empresa livre em um presídio – não existe de forma alguma.

No entanto, vou dizer o seguinte: como um iate que avança contra o vento, encontre uma maneira de vencer aproveitando sua oportunidade única de negócio e construa uma empresa de alto valor agregado. Embora isso possa levar tempo, as pessoas vão acabar percebendo seus erros e descobrir quem é o verdadeiro líder. Dê o melhor de si e transforme as dificuldades em vitória.

Ryuho Okawa
Fundador e CEO do Grupo Happy Science
Novembro de 2009

---

[36] Yukio Hatoyama (1947-) foi o líder do Partido Democrático do Japão e primeiro-ministro do país até 2 de junho de 2010, quando renunciou depois de se envolver em vários escândalos financeiros que abalaram sua reputação e a do secretário-geral de seu partido, Ichiro Ozawa (1942-). (N. do E.)

Introdução à Alta Administração

Este livro é uma compilação das seguintes palestras, com alguns acréscimos, conforme listado a seguir.

CAPÍTULO UM
Título em japonês: *Kofuku-no-Kagaku teki Keieiron*
Palestra proferida em 30 de setembro de 1996

CAPÍTULO DOIS
Título em japonês: *Keiei no Tame no Hint*
Palestra proferida em 9 de outubro de 2002

CAPÍTULO TRÊS
Título em japonês: *Shachougaku Nyuumon*
Palestra proferida em 16 de outubro de 2002

Sobre o autor

Ryuho Okawa nasceu no dia 7 de julho de 1956, em Tokushima, Japão. Após graduar-se na Universidade de Tóquio, juntou-se a uma empresa mercantil com sede em Tóquio. Enquanto trabalhava na filial de Nova York, estudou Finanças Internacionais no Graduate Center of the City University of New York.

Em 23 de março de 1981, alcançou a Grande Iluminação e despertou para Sua consciência central, El Cantare – cuja missão é trazer felicidade para a humanidade – e fundou a Happy Science em 1986.

Atualmente, a Happy Science expandiu-se para mais de 140 países, com mais de 700 templos locais no Japão e no exterior. O mestre Ryuho Okawa realizou mais de

3.200 palestras, sendo mais de 150 em inglês. Ele possui mais de 2.750 livros publicados – traduzidos para mais de 31 línguas –, muitos dos quais alcançaram a casa dos milhões de cópias vendidas, inclusive *As Leis do Sol*.

Ele compôs mais de 250 músicas, incluindo músicas-tema de filmes, e é também o fundador da Happy Science University, da Happy Science Academy (ensino secundário) e do Partido da Realização da Felicidade, além de fundador e Diretor Honorário do Instituto Happy Science de Governo e Gestão, fundador da Editora IRH Press e Presidente da New Star Production Co. Ltd. (estúdio cinematográfico) e da ARI Production Co. Ltd.

Sobre o Autor

Grandes conferências transmitidas para o mundo todo

As grandes conferências do mestre Ryuho Okawa são transmitidas ao vivo para várias partes do mundo. Em cada uma delas, ele transmite, na posição de Mestre do Mundo, desde ensinamentos sobre o coração para termos uma vida feliz até diretrizes à política e à economia internacional e às numerosas questões globais – como os confrontos religiosos e os conflitos que ocorrem em diversas partes do planeta –, para que o mundo possa concretizar um futuro de prosperidade ainda maior.

17/12/2019: "Rumo à Era da Nova Prosperidade"
Saitama Super Arena

6/10/2019: "A Razão pela qual Estamos Aqui"
The Westin Harbour Castle, Toronto

3/3/2019: "O Amor Supera o Ódio"
Grand Hyatt Taipei

Mais de 2.750 livros publicados

As obras do mestre Ryuho Okawa foram traduzidas em 31 línguas e vêm sendo cada vez mais lidas no mundo inteiro. Em 2010, ele recebeu menção no livro *Guinness World Records* por ter publicado 52 títulos em um ano. Ao longo de 2013, publicou 106 livros. Em dezembro de 2020, o número de livros lançados pelo mestre Okawa passou de 2.750.

Entre eles, há também muitas mensagens de espíritos de grandes figuras históricas e de espíritos guardiões de importantes personalidades que vivem no mundo atual.

Sobre a Happy Science

A Happy Science é um movimento global que capacita as pessoas a encontrar um propósito de vida e felicidade espiritual, e a compartilhar essa felicidade com a família, a sociedade e o planeta. Com mais de 12 milhões de membros em todo o globo, ela visa aumentar a consciência das verdades espirituais e expandir nossa capacidade de amor, compaixão e alegria, para que juntos possamos criar o tipo de mundo no qual todos desejamos viver. Seus ensinamentos baseiam-se nos Princípios da Felicidade – Amor, Conhecimento, Reflexão e Desenvolvimento –, que abraçam filosofias e crenças mundiais, transcendendo as fronteiras da cultura e das religiões.

O **amor** nos ensina a dar livremente sem esperar nada em troca; abrange dar, nutrir e perdoar.

O **conhecimento** nos leva às ideias das verdades espirituais e nos abre para o verdadeiro significado da vida e da vontade de Deus – o universo, o poder mais alto, Buda.

A **reflexão** traz uma atenção consciente, sem o julgamento de nossos pensamentos e ações a fim de nos ajudar a encontrar o nosso eu verdadeiro – a essência de nossa alma – e aprofundar nossa conexão com o poder mais alto. Isso nos permite alcançar uma mente limpa e pacífica e nos leva ao caminho certo da vida.

O **desenvolvimento** enfatiza os aspectos positivos e dinâmicos do nosso crescimento espiritual: ações que podemos adotar para manifestar e espalhar a felicidade pelo planeta. É um caminho que não apenas expande o crescimento de nossa alma, como também promove o potencial coletivo do mundo em que vivemos.

Programas e Eventos

Os templos locais da Happy Science oferecem regularmente eventos, programas e seminários. Junte-se às nossas sessões de meditação, assista às nossas palestras, participe dos grupos de estudo, seminários e eventos literários. Nossos programas ajudarão você a:
- aprofundar sua compreensão do propósito e significado da vida;
- melhorar seus relacionamentos conforme você aprende a amar incondicionalmente;
- aprender a tranquilizar a mente mesmo em dias estressantes, pela prática da contemplação e da meditação;
- aprender a superar os desafios da vida e muito mais.

Contatos

A Happy Science é uma organização mundial, com centros de fé espalhados pelo globo. Para ver a lista completa dos centros, visite a página happy-science.org (em inglês). A seguir encontram-se alguns dos endereços da Happy Science:

BRASIL

São Paulo (MATRIZ)
Rua Domingos de Morais 1154,
Vila Mariana, São Paulo, SP
CEP 04010-100, Brasil
Tel.: 55-11-5088-3800
E-mail: sp@happy-science.org
Website: happyscience.com.br

São Paulo (ZONA SUL)
Rua Domingos de Morais 1154,
Vila Mariana, São Paulo, SP
CEP 04010-100, Brasil
Tel.: 55-11-5088-3800
E-mail: sp_sul@happy-science.org

São Paulo (ZONA LESTE)
Rua Fernão Tavares 124,
Tatuapé, São Paulo, SP
CEP 03306-030, Brasil
Tel.: 55-11-2295-8500
E-mail: sp_leste@happy-science.org

São Paulo (ZONA OESTE)
Rua Rio Azul 194,
Jardim Trussardi, São Paulo, SP
CEP 05519-120, Brasil
Tel.: 55-11-3061-5400
E-mail: sp_oeste@happy-science.org

Campinas
Rua Joana de Gusmão 108,
Jd. Guanabara, Campinas, SP
CEP 13073-370, Brasil
Tel.: 55-19-3255-3346

Capão Bonito
Rua Benjamin Constant 225,
Centro, Capão Bonito, SP
CEP 18300-322, Brasil
Tel.: 55-15-3543-2010

Jundiaí
Rua Congo 447,
Jd. Bonfiglioli, Jundiaí, SP
CEP 13207-340, Brasil
Tel.: 55-11-4587-5952
E-mail: jundiai@happy-science.org

Londrina
Rua Piauí 399, 1º andar, sala 103,
Centro, Londrina, PR
CEP 86010-420, Brasil
Tel.: 55-43-3322-9073

Santos / São Vicente
Rua João Ramalho 574, sala 4,
Centro, São Vicente, SP
CEP 11310-050, Brasil
Tel.: 55-13-99158-4589
E-mail: santos@happy-science.org

Sorocaba
Rua Dr. Álvaro Soares 195, sala 3,
Centro, Sorocaba, SP
CEP 18010-190, Brasil
Tel.: 55-15-3359-1601
E-mail: sorocaba@happy-science.org

Rio de Janeiro
Largo do Machado 21, sala 605,
Catete, Rio de Janeiro, RJ
CEP 22221-020, Brasil
Tel.: 55-21-3486-6987
E-mail: riodejaneiro@happy-science.org

ESTADOS UNIDOS E CANADÁ

Nova York
79 Franklin St.,
Nova York, NY 10013
Tel.: 1-212-343-7972
Fax: 1-212-343-7973
E-mail: ny@happy-science.org
Website: happyscience-na.org

Los Angeles
1590 E. Del Mar Blvd.,
Pasadena, CA 91106
Tel.: 1-626-395-7775
Fax: 1-626-395-7776
E-mail: la@happy-science.org
Website: happyscience-na.org

San Francisco
525 Clinton St.,
Redwood City, CA 94062
Tel./Fax: 1-650-363-2777
E-mail: sf@happy-science.org
Website: happyscience-na.org

Havaí
Tel.: 1-808-591-9772
Fax: 1-808-591-9776
E-mail: hi@happy-science.org
Website: happyscience-na.org

Kauai
4504 Kukui Street.,
Dragon Building Suite 21,
Kapaa, HI 96746
Tel.: 1-808-822-7007
Fax: 1-808-822-6007
E-mail: kauai-hi@happy-science.org
Website: happyscience-na.org

Flórida
5208 8thSt., Zephyrhills,
Flórida 33542
Tel.: 1-813-715-0000
Fax: 1-813-715-0010
E-mail: florida@happy-science.org
Website: happyscience-na.org

Toronto
845 The Queensway Etobicoke,
ON M8Z 1N6, Canadá
Tel.: 1-416-901-3747
E-mail: toronto@happy-science.org
Website: happy-science.ca

CONTATOS

INTERNACIONAL

Tóquio
1-6-7 Togoshi, Shinagawa
Tóquio, 142-0041, Japão
Tel.: 81-3-6384-5770
Fax: 81-3-6384-5776
E-mail: tokyo@happy-science.org
Website: happy-science.org

Londres
3 Margaret St.,
Londres, W1W 8RE, Grã-Bretanha
Tel.: 44-20-7323-9255
Fax: 44-20-7323-9344
E-mail: eu@happy-science.org
Website: happyscience-uk.org

Sydney
516 Pacific Hwy, Lane Cove North,
NSW 2066, Austrália
Tel.: 61-2-9411-2877
Fax: 61-2-9411-2822
E-mail: sydney@happy-science.org
Website: happyscience.org.au

Nepal
Kathmandu Metropolitan City
Ward Nº 15, Ring Road, Kimdol,
Sitapaila Kathmandu, Nepal
Tel.: 977-1-427-2931
E-mail: nepal@happy-science.org

Uganda
Plot 877 Rubaga Road, Kampala
P.O. Box 34130, Kampala, Uganda
Tel.: 256-79-3238-002
E-mail: uganda@happy-science.org

Tailândia
19 Soi Sukhumvit 60/1,
Bang Chak, Phra Khanong,
Bancoc, 10260, Tailândia
Tel.: 66-2-007-1419
E-mail: bangkok@happy-science.org
Website: happyscience-thai.org

França
56-60 rue Fondary 75015
Paris, França
Tel.: 33-9-50-40-11-10
Website: www.happyscience-fr.org

Alemanha
Rheinstr. 63, 12159
Berlin, Alemanha
Tel.: 49-30-7895-7477
E-mail: kontakt@happy-science.de

Filipinas Taytay
LGL Bldg, 2nd Floor,
Kadalagaham cor,
Rizal Ave. Taytay,
Rizal, Filipinas
Tel.: 63-2-5710686
E-mail: philippines@happy-science.org

Seul
74, Sadang-ro 27-gil,
Dongjak-gu, Seoul, Coreia do Sul
Tel.: 82-2-3478-8777
Fax: 82-2- 3478-9777
E-mail: korea@happy-science.org

Taipé
Nº 89, Lane 155, Dunhua N. Road.,
Songshan District, Cidade de Taipé 105,
Taiwan
Tel.: 886-2-2719-9377
Fax: 886-2-2719-5570
E-mail: taiwan@happy-science.org

Malásia
Nº 22A, Block 2, Jalil Link Jalan Jalil Jaya
2, Bukit Jalil 57000, Kuala Lumpur, Malásia
Tel.: 60-3-8998-7877
Fax: 60-3-8998-7977
E-mail: malaysia@happy-science.org
Website: happyscience.org.my

Partido da Realização da Felicidade

O Partido da Realização da Felicidade (PRF) foi fundado no Japão em maio de 2009 por Ryuho Okawa, como parte do Grupo Happy Science, para oferecer soluções concretas e práticas a assuntos atuais, como as ameaças militares da Coreia do Norte e da China e a recessão econômica de longo prazo. O PRF objetiva implementar reformas radicais no governo japonês, a fim de levar paz e prosperidade ao Japão. Para isso, o PRF propõe duas medidas principais:

1. Fortalecer a segurança nacional e a aliança Japão-EUA, que tem papel vital para a estabilidade da Ásia.
2. Melhorar a economia japonesa implementando cortes drásticos de impostos, adotando medidas monetárias facilitadoras e criando novos grandes setores.

O PRF defende que o Japão deve oferecer um modelo de nação religiosa que permita a coexistência de valores e crenças diversos, e que contribua para a paz global.

Para mais informações, visite en.hr-party.jp

Happy Science University

O espírito fundador e a meta da educação

Com base na filosofia fundadora da universidade, que é de "Busca da felicidade e criação de uma nova civilização", são oferecidos educação, pesquisa e estudos para ajudar os estudantes a adquirirem profunda compreensão, assentada na crença religiosa, e uma expertise avançada, para com isso produzir "grandes talentos de virtude" que possam contribuir de maneira abrangente para servir o Japão e a comunidade internacional.

Visão geral das faculdades e departamentos

– Faculdade de Felicidade Humana, Departamento de Felicidade Humana

Nesta faculdade, os estudantes examinam as ciências humanas sob vários pontos de vista, com uma abordagem multidisciplinar, a fim de poder explorar e vislumbrar um estado ideal dos seres humanos e da sociedade.

– Faculdade de Administração de Sucesso, Departamento de Administração de Sucesso

Esta faculdade tem por objetivo tratar da administração de sucesso, ajudando entidades organizacionais de todo tipo a criar valor e riqueza para a sociedade e contribuir para a felicidade e o desenvolvimento da administração e dos empregados, assim como da sociedade como um todo.

– Faculdade da Indústria Futura, Departamento de Tecnologia Industrial

O objetivo desta faculdade é formar engenheiros capazes de resolver várias das questões enfrentadas pela civilização moderna, do ponto de vista tecnológico, contribuindo para criar novos setores no futuro.

Happy Science Academy
Escola Secundária de Primeiro e Segundo Grau

A Happy Science Academy de Primeiro e Segundo Grau é uma escola em período integral fundada com o objetivo de educar os futuros líderes do mundo para que tenham uma visão ampla, perseverem e assumam novos desafios. Hoje há dois *campi* no Japão: o Campus Sede de Nasu, na província de Tochigi, fundado em 2010, e o Campus Kansai, na província de Shiga, fundado em 2013.

Filmes da Happy Science

O mestre Okawa é criador e produtor executivo de 21 filmes, que receberam vários prêmios e reconhecimento ao redor do mundo. Dentre eles:

- As Terríveis Revelações de Nostradamus (1994)
- Hermes – Ventos do Amor (1997)
- As Leis do Sol (2000)
- As Leis Douradas (2003)
- As Leis da Eternidade (2006)
- O Renascimento de Buda (2009)
- As Leis Místicas (2012)
- As Leis do Universo – Parte 0 (2015)
- As Leis do Universo – Parte I (2018)
- Confortando o Coração – documentário (2018)
- A Última Feiticeira do Amor (2019)
- Vidas que se Iluminam – documentário (2019)
- Herói Imotal (2019)
- A Verdadeira Exorcista (2020)
- Vivendo na Era dos Milagres – documentário (2020)
- TWICEBORN: Acreditando no Amanhecer (2020)

As Leis do Sol

As Leis Douradas

Filmes da Happy Science

As Leis da Eternidade

As Leis Místicas

As Leis do Universo (Parte 0)

As Leis do Universo (Parte I)

A Verdadeira Exorcista

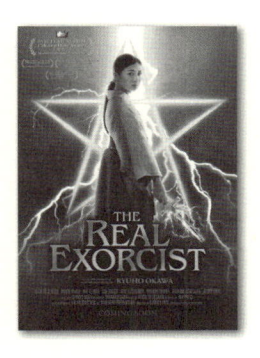

Herói Imortal

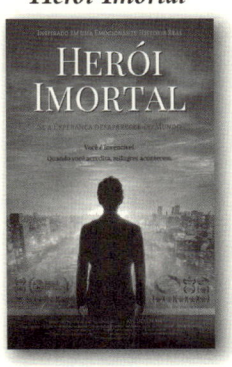

TWICEBORN: Acreditando no Amanhecer

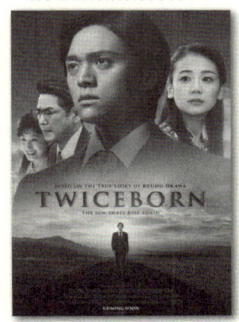

Outros livros de Ryuho Okawa

Série Leis

As Leis do Sol – *A Gênese e o Plano de Deus*
IRH Press do Brasil

Ao compreender as leis naturais que regem o universo e desenvolver sabedoria pela reflexão com base nos Oito Corretos Caminhos, o autor mostra como acelerar nosso processo de desenvolvimento e ascensão espiritual. Edição revista e ampliada.

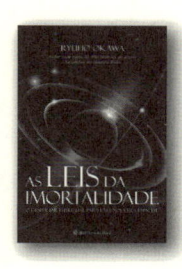

As Leis da Imortalidade
O Despertar Espiritual para uma Nova Era Espacial
IRH Press do Brasil

As verdades sobre os fenômenos espirituais, as leis espirituais eternas e como elas moldam o nosso planeta. Milagres e ocorrências espirituais dependem não só do Mundo Celestial, mas sobretudo de cada um de nós e do poder em nosso interior – o poder da fé.

As Leis Místicas
Transcendendo as Dimensões Espirituais
IRH Press do Brasil

Aqui são esclarecidas questões sobre espiritualidade, misticismo, possessões e fenômenos místicos, comunicações espirituais e milagres. Você compreenderá o verdadeiro significado da vida na Terra, fortalecerá sua fé e despertará o poder de superar seus limites.

As Leis da Salvação
Fé e a Sociedade Futura
IRH Press do Brasil

O livro fala sobre a fé e aborda temas importantes como a verdadeira natureza do homem enquanto ser espiritual, a necessidade da religião, a existência do bem e do mal, o papel das escolhas, a possibilidade do apocalipse, como seguir o caminho da fé e ter esperança no futuro.

As Leis da Eternidade – *A Revelação dos Segredos das Dimensões Espirituais do Universo*
Editora Cultrix

O autor revela os aspectos multidimensionais do Outro Mundo, descrevendo suas dimensões, características e leis. Ele também explica por que é essencial para nós compreendermos a estrutura e a história do mundo espiritual e percebermos a razão de nossa vida.

As Leis da Felicidade
Os Quatro Princípios para uma Vida Bem-Sucedida
Editora Cultrix

Uma introdução básica sobre os Princípios da Felicidade: Amor, Conhecimento, Reflexão e Desenvolvimento. Se as pessoas conseguirem dominá-los, podem fazer sua vida brilhar, tanto neste mundo como no outro, e escapar do sofrimento para alcançar a verdadeira felicidade.

Outros Livros de Ryuho Okawa

As Leis da Sabedoria
Faça Seu Diamante Interior Brilhar
IRH Press do Brasil

A única coisa que o ser humano leva consigo para o outro mundo após a morte é seu *coração*. E dentro dele reside a *sabedoria*, a parte que preserva o brilho de um diamante. O mais importante é jogar um raio de luz sobre seu modo de vida e produzir magníficos cristais durante sua preciosa passagem pela Terra.

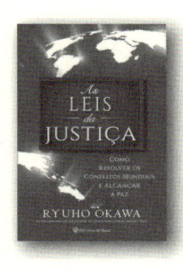

As Leis da Justiça – *Como Resolver os Conflitos Mundiais e Alcançar a Paz*
IRH Press do Brasil

Neste livro, o autor assumiu o desafio de colocar as revelações de Deus como um tema de estudo acadêmico. Buscou formular uma imagem de como a justiça deveria ser neste mundo, vista da perspectiva de Deus ou de Buda. Alguns de seus leitores sentirão nestas palavras a presença de Deus no nível global.

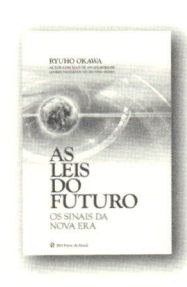

As Leis do Futuro
Os Sinais da Nova Era
IRH Press do Brasil

O futuro está em suas mãos. O destino não é algo imutável e pode ser alterado por seus pensamentos e suas escolhas: tudo depende de seu despertar interior. Podemos encontrar o Caminho da Vitória usando a força do pensamento para obter sucesso na vida material e espiritual.

As Leis da Perseverança – *Como Romper os Dogmas da Sociedade e Superar as Fases Difíceis da Vida*
IRH Press do Brasil

Você pode mudar sua forma de pensar e vencer os obstáculos da vida apoiando-se numa força especial: a perseverança. O autor compartilha seus segredos no uso da perseverança e do esforço para fortalecer sua mente, superar suas limitações e resistir ao longo do caminho que o levará a uma vitória infalível.

As Leis da Missão
Desperte Agora para as Verdades Espirituais
IRH Press do Brasil

O autor afirma: "Agora é a hora". Quando a humanidade está se debatendo no mais profundo sofrimento, é nesse momento que Deus está mais presente. Estas também são as leis da salvação, do amor, do perdão e da verdade. Construa um túnel para perfurar a montanha da teoria.

As Leis da Invencibilidade – *Como Desenvolver uma Mente Estratégica e Gerencial*
IRH Press do Brasil

Okawa afirma: "Desejo fervorosamente que todos alcancem a verdadeira felicidade neste mundo e que ela persista na vida após a morte. Um intenso sentimento meu está contido na palavra 'invencibilidade'. Espero que este livro dê coragem e sabedoria àqueles que o leem hoje e às gerações futuras".

Outros Livros de Ryuho Okawa

As Leis da Fé
Um Mundo Além das Diferenças
IRH Press do Brasil

Sem Deus é impossível haver elevação do caráter e da moral do ser humano. As pessoas são capazes de carregar sentimentos sublimes quando creem em algo maior do que elas mesmas. Eis aqui a chave para aceitar a diversidade, harmonizar os indivíduos e as nações e criar um mundo de paz e prosperidade.

As Leis de Bronze
Desperte para sua origem e viva pelo amor
IRH Press do Brasil

Okawa nos encoraja a encontrar o amor de Deus dentro de cada um e a conhecer a Verdade universal. Com ela, é possível construir a fé, que é altruísta e forte como as portas de bronze das seculares igrejas cristãs europeias, que protegem nossa felicidade espiritual de quaisquer dificuldades.

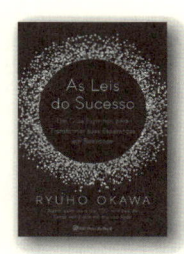

As Leis do Sucesso – *Um Guia Espiritual para Transformar suas Esperanças em Realidade*
IRH Press do Brasil

O autor mostra quais são as posturas mentais e atitudes que irão empoderar você e fazer seus sonhos se tornarem realidade, inspirando-o para que possa vencer obstáculos e viver cada dia de forma positiva, construtiva e com sentido. Aqui está a chave para um novo futuro, cheio de esperança, coragem e felicidade!

As Leis de Aço
Viva com Resiliência, Confiança e Prosperidade
IRH Press do Brasil

A palavra "aço" refere-se à nossa verdadeira força e resiliência como filhos de Deus. Temos o poder interior de manifestar felicidade e prosperidade, e superar qualquer mal ou conflito que atrapalhe a próxima Era de Ouro – na qual a humanidade irá prosperar em harmonia.

SÉRIE ENTREVISTAS ESPIRITUAIS

A Última Mensagem de Nelson Mandela para o Mundo – *Uma Conversa com Madiba Seis Horas Após Sua Morte.*
IRH Press do Brasil

Mandela transmitiu a Okawa sua última mensagem de amor e justiça para todos, antes de retornar ao Mundo Espiritual. Porém, a revelação mais surpreendente é que Mandela é um Grande Anjo de Luz, trazido a este mundo para promover a justiça divina.

Mensagens do Céu – *Revelações de Jesus, Buda, Moisés e Maomé para o Mundo Moderno*
IRH Press do Brasil

Mensagens desses líderes religiosos, recebidas por comunicação espiritual, para as pessoas de hoje. Você compreenderá como eles influenciaram a humanidade e por que cada um deles foi um mensageiro de Deus empenhado em guiar as pessoas.

O Próximo Grande Despertar
Um Renascimento Espiritual
IRH Press do Brasil

Esta obra traz revelações surpreendentes, que podem desafiar suas crenças: a existência de Espíritos Superiores, Anjos da Guarda e alienígenas aqui na Terra. São mensagens transmitidas pelos Espíritos Superiores a Okawa, para que você compreenda a verdade sobre o que chamamos de *realidade*.

A Verdade sobre o Massacre de Nanquim
Revelações de Iris Chang
IRH Press do Brasil

Em 1997, Iris Chang lançou *O Estupro de Nanquim*, sobre as supostas atrocidades cometidas pelo exército japonês na Guerra Sino-Japonesa. Para esclarecer o assunto, Okawa invocou o espírito da jornalista dez anos após sua morte e revela o estado de Chang antes de morrer e a possível conspiração por trás de seu livro.

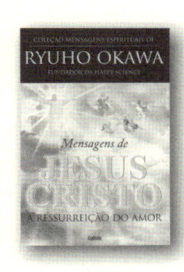

Mensagens de Jesus Cristo
A Ressurreição do Amor
Editora Cultrix

Assim como muitos outros Espíritos Superiores, Jesus Cristo tem transmitido diversas mensagens espirituais ao mestre Okawa, cujo objetivo é orientar a humanidade e despertá-la para uma nova era de espiritualidade.

Walt Disney
Os Segredos da Magia que Encanta as Pessoas
IRH Press do Brasil

Graças à sua atuação diversificada, Walt Disney estabeleceu uma base sólida para seus empreendimentos. Nesta entrevista espiritual, ele nos revela os segredos do sucesso que o consagrou como um dos mais bem-sucedidos empresários da área de entretenimento do mundo contemporâneo.

SÉRIE AUTOAJUDA

Estou Bem! – *7 Passos para uma Vida Feliz*
IRH Press do Brasil

Este livro traz filosofias universais que irão atender às necessidades de qualquer pessoa. Um tesouro repleto de reflexões que transcendem as diferenças culturais, geográficas, religiosas e étnicas. É uma fonte de inspiração e transformação com instruções concretas para uma vida feliz.

THINK BIG – Pense Grande
O Poder para Criar o Seu Futuro
IRH Press do Brasil

A ação começa dentro da mente. A capacidade de criar de cada pessoa é limitada por sua capacidade de pensar. Com este livro, você aprenderá o verdadeiro significado do Pensamento Positivo e como usá-lo de forma efetiva para concretizar seus sonhos.

Outros Livros de Ryuho Okawa

Mude Sua Vida, Mude o Mundo
Um Guia Espiritual para Viver Agora
IRH Press do Brasil

Este livro é uma mensagem de esperança, que contém a solução para o estado de crise em que vivemos hoje. É um chamado para nos fazer despertar para a Verdade de nossa ascendência, a fim de que todos nós possamos reconstruir o planeta e transformá-lo numa terra de paz, prosperidade e felicidade.

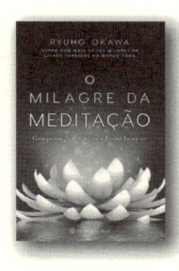

O Milagre da Meditação
Conquiste Paz, Alegria e Poder Interior
IRH Press do Brasil

A meditação pode abrir sua mente para o potencial de transformação que existe dentro de você e conectar sua alma à sabedoria celestial, tudo pela força da fé. Este livro combina o poder da fé e a prática da meditação para ajudá-lo a conquistar paz interior e cultivar uma vida repleta de altruísmo e compaixão.

Gestão Empresarial – *Os Conceitos Fundamentais para a Prosperidade nos Negócios*
IRH Press do Brasil

Uma obra muito útil tanto para os gestores empresariais como para aqueles que pretendem ingressar no mundo dos negócios. Os princípios aqui ensinados podem transformar um pequeno empreendimento em uma grande empresa, do porte daquelas cujas ações são negociadas na Bolsa de Valores.

A Mente Inabalável
Como Superar as Dificuldades da Vida
IRH Press do Brasil

Para o autor, a melhor solução para lidar com os obstáculos da vida – sejam eles problemas pessoais ou profissionais, tragédias inesperadas ou dificuldades contínuas – é ter uma mente inabalável. E você pode conquistar isso ao adquirir confiança em si mesmo e alcançar o crescimento espiritual.

Mente Próspera – *Desenvolva uma mentalidade para atrair riquezas infinitas*
IRH Press do Brasil

Okawa afirma que não há problema em querer ganhar dinheiro se você procura trazer algum benefício à sociedade. Ele dá orientações valiosas como: a atitude mental de *não rejeitar a riqueza*, a filosofia do *dinheiro é tempo*, como manter os espíritos da pobreza afastados, entre outros.

Trabalho e Amor
Como Construir uma Carreira Brilhante
IRH Press do Brasil

Okawa introduz dez princípios para você desenvolver sua vocação e conferir valor, propósito e uma devoção de coração ao seu trabalho. Você irá descobrir princípios que propiciam: atitude mental voltada para o desenvolvimento e a liderança; avanço na carreira; saúde e vitalidade duradouras.

Outros Livros de Ryuho Okawa

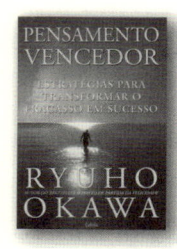

Pensamento Vencedor
Estratégia para Transformar o Fracasso em Sucesso
Editora Cultrix

Esse pensamento baseia-se nos ensinamentos de reflexão e desenvolvimento necessários para superar as dificuldades da vida e obter prosperidade. Ao estudar a filosofia contida neste livro e colocá-la em prática, você será capaz de declarar que não existe essa coisa chamada *derrota* – só existe o *sucesso*.

O Verdadeiro Exorcista
Obtenha sabedoria para vencer o mal
IRH Press do Brasil

Assim como Deus e os anjos existem, também há demônios e maus espíritos. Esses espíritos maldosos penetram na mente das pessoas, tornando-as infelizes e espalhando infelicidade àqueles ao seu redor. Ryuho Okawa apresenta métodos poderosos para se defender do ataque repentino desses espíritos.

Série Felicidade

O Caminho da Felicidade
Torne-se um Anjo na Terra
IRH Press do Brasil

Aqui se encontra a íntegra dos ensinamentos de Ryuho Okawa e que servem de introdução aos que buscam o aperfeiçoamento espiritual: são *Verdades Universais* que podem transformar sua vida e conduzi-lo para o caminho da felicidade.

Ame, Nutra e Perdoe
Um Guia Capaz de Iluminar Sua Vida
IRH Press do Brasil

O autor revela os segredos para o crescimento espiritual por meio dos *Estágios do amor*. Cada estágio representa um nível de elevação. O objetivo do aprimoramento da alma humana na Terra é progredir por esses estágios e desenvolver uma nova visão do amor.

Manifesto do Partido da Realização da Felicidade
Um Projeto para o Futuro de uma Nação
IRH Press do Brasil

Nesta obra, o autor declara: "Devemos mobilizar o potencial das pessoas que reconhecem a existência de Deus e de Buda, além de acreditar na Verdade, e trabalhar para construir uma utopia mundial. Devemos fazer do Japão o ponto de partida de nossas atividades políticas e causar impacto no mundo todo".

Convite à Felicidade
7 Inspirações do Seu Anjo Interior
IRH Press do Brasil

Este livro traz métodos práticos que ajudarão você a criar novos hábitos para ter uma vida mais leve, despreocupada, satisfatória e feliz. Por meio de sete inspirações, você será guiado até o anjo que existe em seu interior: a força que o ajuda a obter coragem e inspiração e ser verdadeiro consigo mesmo.

Outros Livros de Ryuho Okawa

A Essência de Buda – *O Caminho da Iluminação e da Espiritualidade Superior*
IRH Press do Brasil

Este guia almeja orientar aqueles que estão em busca da iluminação. Você descobrirá que os fundamentos espiritualistas, tão difundidos hoje, na verdade foram ensinados por Buda Shakyamuni, como os Oito Corretos Caminhos, as Seis Perfeições, a Lei de Causa e Efeito e o Carma, entre outros.

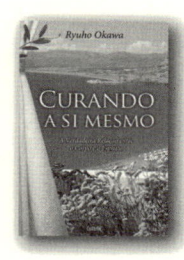

Curando a Si Mesmo
A Verdadeira Relação entre Corpo e Espírito
Editora Cultrix

Com este livro sua vida mudará por completo e você descobrirá a verdade sobre a mente e o corpo. Ele contém revelações sobre o funcionamento da possessão espiritual e como podemos nos livrar dela; mostra os segredos do funcionamento da alma e como o corpo humano está ligado ao plano espiritual.

A Verdade sobre o Mundo Espiritual
Guia para uma vida feliz
IRH Press do Brasil

Em forma de perguntas e respostas, este precioso manual vai ajudá-lo a compreender diversas questões importantes sobre o mundo espiritual. Entre elas: o que acontece com as pessoas depois que morrem? Qual é a verdadeira forma do Céu e do Inferno? O tempo de vida de uma pessoa está predeterminado?

O Ponto de Partida da Felicidade
– *Um Guia Prático e Intuitivo para Descobrir o Amor, a Sabedoria e a Fé.*
Editora Cultrix

Como seres humanos, viemos a este mundo sem nada e sem nada o deixaremos. Podemos nos dedicar a conquistar bens materiais ou buscar o verdadeiro caminho da felicidade – construído com o amor que dá, que acolhe a luz. Okawa nos mostra como alcançar a felicidade e ter uma vida plena de sentido.

As Chaves da Felicidade – *Os 10 Princípios para Manifestar a Sua Natureza Divina*
Editora Cultrix

Neste livro, o autor ensina de forma simples e prática os dez princípios básicos – Felicidade, Amor, Coração, Iluminação, Desenvolvimento, Conhecimento, Utopia, Salvação, Reflexão e Oração – que servem de bússola para nosso crescimento espiritual e nossa felicidade.